Ludwig Freiherr von der Pfordten

Staatspolitische Gesinnungen

Verlag
der
Wissenschaften

Ludwig Freiherr von der Pfordten

Staatspolitische Gesinnungen

ISBN/EAN: 9783957007674

Auflage: 1

Erscheinungsjahr: 2016

Erscheinungsort: Norderstedt, Deutschland

Hergestellt in Europa, USA, Kanada, Australien, Japan
Verlag der Wissenschaften in Hansebooks GmbH, Norderstedt

Cover: Sandro Botticelli "Die Verleumdung des Apelles" (1495)

Staatspolitische Gesinnungen

des

Dr. Ludwig Karl Heinrich Freiherrn von der Pfordten,

Minister-Präsidenten von Bayern.

Nürnberg, 1857.

Verlag von J. L. Lotzbeck.

„Jedenfalls darf der unbefangene Historiker nicht läugnen, daß mit Pfordten ein epochemachender Abschnitt im bayerischen Staatsleben eintrat. Die äußerlichen Schwankungen im Regierungsprincip endeten, indem der Uebergang von ihm gefunden wurde. Pfordten vollführte ein schwieriges Werk, indem er die mittelstaatliche Politik in eine systematische Praxis überleitete. Ja, man mag es sogar als eine Wahrheit gelten lassen, wenn er der Befestiger der Mittelkönigreiche genannt wird."

(Die Gegenwart. Eine encyklopädische Darstellung der neuesten Zeitgeschichte für alle Stände. Zehnter Band. Leipzig: F. A. Brockhaus. 1855. S. 130.)

Dr. Ludwig Karl Heinrich Freiherr von der Pfordten,

einer altadeligen Familie in Sachsen entsprossen, die zur Zeit den Namen von der Pforte führt, von Seiner Majestät dem Könige **Max** von Bayern in den Freiherrnstand des Königreiches erhoben, ist von Geburt ein Bayer, geboren am 11. September 1811 zu Ried im Innviertel, welches damals noch zu Bayern gehörte.

Im Jahre 1806 kam sein Vater, Ludwig von der Pfordten, mit Ansbach an Bayern, und starb im Jahre 1828 als Landrichter zu Cadolzburg, einem Markte in Mittelfranken, eine Wittwe und sechs Kinder zurücklassend, drei Söhne und drei Töchter. Der Himmel hatte dieser musterhaften Mutter, einer gebornen Eder, die Wonne beschieden, noch viele Jahre lang die glückliche Zeugin der durch Ruhm und hohe Würden belohnten großen Verdienste ihres ältesten Kindes, des Sohnes Ludwig, sein zu können, bis sie am 7. Juni 1856 Morgens 6½ Uhr in München starb.

Oeffentliche Blätter weihten ihr den seltenen Nachruf: „Sie besaß männliche Charakterstärke, tief eingeprägten recht„lichen Sinn; jede Unwahrheit, jede Schmeichelei war ihr „tief verhaßt; ein ächt deutscher Charakter; unerschöpfliche Herzensgüte; eine edle Greisin." Zwei liebe Kinder des geliebten Sohnes waren ihr im zarten Blüthenalter vorangegangen, zum größten Schmerze ihrer sie zärtlich liebenden, vortrefflichen Mutter, zur tiefen Betrübniß des großmütterlichen Herzens, das auch durch zwei lebensgefährliche Krankheiten des Sohnes mit qualvoller Bangigkeit erfüllt wurde. Das Schicksal säumet selten, dem strahlendsten Lichte seiner Gunst oft unvermuthet dunkle Schatten nachzusenden, an Schiller's Worte mahnend:

„Des Lebens ungemischte Freude
„Ward keinem Sterblichen zu Theil."

Durch Privatunterrichtet vorbereitet, bezog Ludwig im Jahre 1821 das Gymnasium zu Nürnberg, und 1827 die Hochschule zu Erlangen bis 1830 zum Studium der Rechte, das er hierauf noch ein Jahr lang in Heidelberg fortsetzte, wo er bei Gelegenheit der Erlangung der akademischen Würde eines Doctors der beiden Rechte die Abhandlung „De praelegatis" schrieb, welche den scharfsinnigen Kenner des römischen Rechtes verkündete.

Sein bescheidener Wunsch, Privatdocent an der Hochschule in München zu werden, blieb unerfüllt. Er mochte einsehen, daß nur die thatsächliche Ueberzeugung der Staatsregierung von seiner Leistungsfähigkeit ihm eine wirkungsreiche Zukunft anbahnen könne, und übernahm in dieser Erwartung im Frühjahre 1833 den kleinen Posten eines Funktionärs im Ministerium des Innern. Seine Erwartung hatte ihn nicht getäuscht; denn noch im Herbste des nämlichen Jahres wurde er Privatdocent an der Hochschule in Würzburg, schon im December 1834 außerordentlicher, und im Jahre 1836, erst 25 Jahre alt, ordentlicher Professor des römischen Rechtes daselbst.

Diesem ersehnten Berufe weihte er sich mit ganzer Seele, mit der ihm eigenen, unermüdlichen Thätigkeit, schmückte juristische Zeitschriften mit den werthvollsten Beiträgen, und ließ im Jahre 1840 bei Palm und Enke in Erlangen einen Band „Abhandlungen aus dem Pandektenrechte" erscheinen, welche von dem großen Rechtsgelehrten Dr. Joh. Ad. Ritter von Seuffert, Herausgeber der „Blätter für Rechtsanwendung", in in diesen (1840, Band V. S. 414) auf die für den Herrn Verfasser ehrenvollste Weise beurtheilt wurden.

Die Wege der Vorsehung, auf denen sie ihre Auserwählten an ein großes Ziel führt, sind unerforschlich:

Durch die unvermuthete Versetzung im Jahre 1841 als Appellationsrath nach Aschaffenburg, war ein scheinbar ungünstiger, in seinen Folgen jedoch der glücklichste Wendepunkt im öffentlichen Leben des Herrn Professors Dr. von der Pfordten eingetreten.

In Würzburg hätte er wohl kaum einen Ruf in das Ausland angenommen, seine neue Stelle aber berechtigte zu dem Glauben, daß er geneigt sein werde, gerne wieder in seinem Lieblingsfache zu wirken. Nach zwei Jahren, — 1843 —, empfieng er den ehrenvollen Ruf als Professor des Pandektenrechtes an der Hochschule in Leipzig, als Nachfolger des berühmten Puchta. Diesen Ruf nahm er an, und schrieb bei dem Antritte seines Lehramtes die Dissertation: „De obligationis civilis in naturalem transitu." Ein Beweis des erworbenen Vertrauens war seine Erwählung zum Rector der Hochschule, welche Würde er von 1845 bis 1847 bekleidete.

Nun kam das verhängnißvolle Jahr 1848, gerade zweihundert Jahre nach dem Ende des dreißigjährigen Krieges, dessen neue und verschlimmerte Auflage es beginnen zu wollen schien. Im Monate März dieses Jahres trat das alte Ministerium in Sachsen zurück, und der Rector und Professor Dr. von der Pfordten als Cultusminister in die neue Verwaltung.

Ein erreichbares Maß lebensfähiger Freiheit genügte dem vorherrschend demokratischen Geiste der Kammern zu einer Zeit nicht, da das deutsche Parlament in Frankfurt Deutschlands Heil nur durch die Einheit desselben begründen zu können wähnte. Im Januar 1849 überreichte das Ministerium dem Könige sein erstes Entlassungsgesuch, das jedoch erst bei der Erneuerung im Monate Februar des nämlichen Jahres angenommen wurde.

König **Max** II. von Bayern kannte schon als Kronprinz, durch wissenschaftliche Verbindung mit Dr. von der Pfordten seit 1840, den ganzen Werth dieses Staats=

mannes, berief ihn wieder nach Bayern, und ernannte ihn zum Staatsminister des Königlichen Hauses und des Aeußern, und des Staatsministeriums des Handels und der öffentlichen Arbeiten.

Inmitten der schwierigsten Lage Bayerns seit dem Beginne dieses Jahrhunderts, mußte kein Minister dieses Staates auf einer dornenvolleren Bahn zum Siege wandeln. In seiner großen berühmten Rede über die **deutsche Frage**, gehalten in der Kammer der Abgeordneten am 5. November 1849, durch die er wesentlich dazu beigetragen hat, die Selbstständigkeit Bayerns und die Einigkeit Deutschlands zu bewahren, eine Rede, welche Quinctilian's Ansicht bestätiget: „**Die wahre Beredsamkeit ist eine Tugend des Herzens,**" hat er sich als einen der größten parlamentarischen Redner unserer Zeit bewährt. Seine Reden sind einfach, klar, offen, streng logisch, unwiderstehlich überzeugend; der Vortrag ist anspruchlos, fließend, durchaus sprachrichtig, die Stimme kräftig und von herrlichem Wohllaute, die Persönlichkeit des Redners in hohem Grade anziehend.

Im nächsten Monate nach dieser entscheidenden Rede, im December 1849, wurde ihm der Vorsitz im Gesammtstaatsministerium übertragen, und der Herr Minister-Präsident hat seitdem schon oft Veranlassung erhalten, seine gründliche Kenntniß aller Zweige der Staatsverwaltung öffentlich zu bethätigen.

Die gerechte Anerkennung hervorragender Verdienste hat den gefeierten Staatsmann bisher mit **fünfzehn** Orden geschmückt; er ist Großkreuz des Civilverdienstordens der Bayerischen Krone; des k. Griechischen Erlöserordens; des Großherzoglich-Hessischen Ludwigsordens; des k. k. Oesterreichischen Stephans-, und des Leopoldordens; des k. Sächsischen Civilverdienstordens; des Herzoglich-Sachsen-Ernestinischen Hausordens; des k. Sicilianischen Januariusordens; des k. Spanischen Ordens Carls III. des k. Württembergischen Friedrichsordens und des Ordens der Krone, und des k. Sardinischen St. Mauritius- und Lazarusordens; außer diesen erhielt er auch den Kurhessischen Löwenorden; den k. Preußischen rothen Adlerorden I. Classe, und den kaiserlich Russischen St. Alexander-Newskyorden.

Ein alter Römer würde über diesen Staatsmann urtheilen:

„Neminem huic praefero fide, constantia, magnitudine animi, in patriam amore." *)

---

*) „Niemand zieh' ich Demselben vor in Treue, Standhaftigkeit, hochherzigem Gemüthe, Vaterlandsliebe."

Einleitung.

In einem verfassungsmäßigen Staate mit öffentlicher Berathung der Volksvertreter, wird das Vertrauen des Landes zu den Herren Ministern, als Regierungsorganen, zunächst wesentlich durch die persönlichen staatspolitischen Gesinnungen begründet, welche sie in den Sitzungen des Landtages öffentlich aussprechen.

Solche Gesinnungen sind selbstständiger Natur, und bleiben unverändert, wenn sie auch von jenen mehr oder weniger ausführlichen Aeußerungen getrennt werden, in die sie vom Redner eingeflochten wurden; der gewöhnliche Vorwurf „aus dem Zusammenhange herausgerissener Stellen" kann sie ebensowenig treffen, wie die Blumenlese aus irgend einem berühmten Dichter; im Gegentheile bestimmt dieses Herausnehmen erst recht ihre Geltung und Tragweite, wie der wahre Werth der Edelsteine eines Schmuckes erst nach dem Abstreifen ihrer künstlichen Fassung geprüft werden kann.

Die geehrten Leser werden in dieser, mit einer umfassenden alphabetischen Uebersicht versehenen, chronologischen Zusammenstellung, alle persönlichen staatspolitischen Gesinnungen finden, welche der Herr Minister-Präsident von Bayern, Freiherr von der Pfordten, in den Landtagssitzungen von 1849 bis zur letzten öffentlichen Sitzung des jüngsten Landtages, — 30. Juni 1856 —, in den hohen Kammern des Reichsrathes und der Abgeordneten, bei allen verhandelten Staatsangelegenheiten öffentlich ausgesprochen hat, wortwörtlich nach dem Inhalte der stenographischen Berichte, und da diese wegen ihres Umfanges und der Noth=

wendigkeit wissenschaftlicher Vorbildung zur richtigen Auffassung und Beurtheilung des Inhaltes kein Gemeingut der Mehrheit des Volkes sein können, die Zeitungen aber in der Regel nur Bruchstücke und Beschlüsse der Landtagsverhandlungen mittheilen, so scheint uns diese vollständige Zusammenstellung, die wohl auch in andern deutschen Staaten die verdiente Würdigung finden dürfte, das zweckförderlichste Mittel zu sein, das bayerische Volk mit dem persönlichen ehrenwerthen politischen Charakter jenes ausgezeichneten hohen Staatsmannes bekannt zu machen, der an der Spitze der bayerischen Regierungsorgane steht.

Uebersicht.

(Die hier beigefügten Zahlen entsprechen der laufenden Nummer des Textes.)

Abgeordnete 84. Absolutismus 60. Administration und Justiz 50. Administrativbeamte 101. Affiliation 47. Altbayerische Provinzen 59. Amnestie 42. Amtsverschwiegenheit 43. Angelegenheiten, innere und äußere 67. Anlehen 142. Armee 97, 98, 147, 150. Aufgaben, schwierige 78. Ausgaben 86. Auswanderung 148. Ausweisung 106, 107. Autorität 80, 130, 131.

Bayern als Bundesgenosse 70. Bayerns Bedeutung und Stellung 69, 99, 100. Bayerns Isolirung 40. Bayerns Selbstständigkeit 71, 100. Beamten-Opposition 50. Beamte als Volksvertreter 50. Bedürfnisse 7. Begeisterung 60, 147. Beruf der Kammern 71. Besserungsmittel 19. Besteuerungsgleichheit 112. Bewegungsprincip 128. Budgetberathung 83. Bundesstaat 32. Bureaukratie 48.

Centralisirung 26. Christenthum 45. Christlicher Staat 115. Civilisation 98. Civilstaatsdiener 11. Collision 3. Conservativ 27, 77, 128. Constitutionelle Freiheit 50.

Deutsche Bewegung 69. Deutsche Frage 40. Deutsche Interessen 133, 134. Deutsche Verfassung; Neugestaltung derselben 51. Deutscher Bund 29, 133. Deutsches Volk 42. Deutschland 34. Deutschland, ein ganzes 40. Deutschlands definitive Verfassung 36. Deutschlands Existenz 100. Deutschlands Kraft und Macht 33. Deutschlands Zukunft 2, 79, 80, 99. Diplomatie 97. Drohen 141.

Einheitsstaat 34. Einigung, politische 93. Einmischung des Auslandes in deutsche Angelegenheiten 67. Einnahmen 86. Eisenbahnen 12, 31, 76. Empfindlichkeit 34. Erfolg 81. Errungenschaft der Vorjahre 67. Extreme 59.

Faust 38. Finis Germaniae 79. Frankfurter-Verfassung 40, 41. Freiheit der Wissenschaft 57. Freiheit im Staatsleben 47. Freiheit, persönliche 21. Fürstenschmeichler 85.

Gesetze 10, 15, 18, 56. Gesetze, papierene 56. Gesetzgebung 38, 44, 45, 54, 60, 125. Geheimnisse 39. Gemeinden 26. Gerichtsbarkeit 102. Geschworne 58. Gewerbe 113. Gott 80. Großmannssucht 38. Grundbesitz 16.

Haftung 144. Handeln 141. Handelssystem 88. Heirathen der Offiziere und Soldaten 9. Hilfegewährung 55.

Ideale 96, 138, 139. Ignorirung 127. Industrie 118. Interpellationen 52, 82. Juden 6, 45. Juste milieu 59.

Kammerauflösung 44. Kammerbeschlüsse 46. Kirche 4, 47. Klar und unklar 60. Kopfzahl-Majorität 117, 120, 121, 122, 123. Kreisangelegenheiten 25.

Landesbedürfnisse 72. Landwirthschaft 118. Lasten 24, 140. Literatur 38.

Massen; Einfluß auf sie 128. Materielle Interessen 93, 94. Minister 35, 43, 109. Mißbrauch der Rechte 64. Mißmuth 137. Mißtrauen 60, 64. Monarchie 41.

Nationalität 27, 45, 148. „Nichtschuldig" der Geschwornen 58.

Oeffentliche Meinung 30, 45, 47. Oesterreich 34. Oktroyirung 36. Opfer für Deutschland 69. Opposition 126, 138. Organisationen; ihre Aenderung 145.

Partikularismus 40. Pflichterfüllung 104. Politik, dauernde 40. Politik, wahre 63. Politische Frage 66. Politische Gelegenheiten 40. Politische Lage Europa's 70. Politische Momente 40. Politischer Verein 47. Politische Verbrechen und Vergehen 38. Polizeiliche Erwägungen bei Gerichten 50. Popularität 86. Praktisch 28, 37, 45, 138. Presse 38, 107. Preßfreiheit 56, 108. Preußen 40. Preußisches Heer 74. Principien, sittliche 5. Principien-Nachtheile 75. Privatrechtliche Verhältnisse 135. Privatverträge 149. Privilegien 103. Proletariat 16, 17. Prozeßausgang 62.

Reaction 47. Rechte; ihr Mißbrauch 132. Rechtsfrage 66. Reformen 14. Regierungs-Existenzrecht 47. Regierungsorgane 61, 68. Regierungsrechte 114, 136. Regierungsüberzeugung 146. Reichsoberhaupt 34. Reichstag 34. Reichsverfassung, deutsche 95. Religion 4, 45. Republik 123. Revolution 77, 97. Revolutionsführer 65. Richter; ihre Aufgabe 101.

Schutzzölle 8. Selbstvergötterung 38, 80. Soldaten 11. Sprichwort, ächt-deutsches 13. Staatsgewalt; Angriffe auf sie 130. Staat und Individuum 115. Staatsverträge 149. Stammesverschiedenheit 45. Steuern 111. Steuergesetzgebung 129. Störung der öffentlichen Ruhe 89, 90. Strafgesetzgebung 38.

Theorie 110. Tirannei 121. Träger der öffentlichen Gewalt; Angriffe auf sie 131. Transitverkehr 31. Tumult 53, 91.

Überzeugung 1, 45, 85, 86, 87, 109. Ueberbürdung 116. Unmögliches 119. Urtheil der Geschichte 95.

Verantwortlichkeit der Minister 43. Verbrechen 17. Vereinbarung 36. Verein, politischer 47. Verein, religiöser 47. Vereinswesen 47. Verfall ständischer Vertretung 73. Verfassungs-Anhänglichkeit 105. Verfassungsformen 94. Verfassungsfrage; deutsche 67. Verpflichtungen 143. Versetzbarkeit der Richter 23. Verträge mit dem Auslande 67. Volk 17. Volksschmeichler 85. Volksschutz 22. Volksverführung 47. Volksvertreter-Rechte 136. Volksvertretung, allgemeine 51. Vorwürfe 49.

Wähler 84, 86. Wahlgesetz 124. Wahlrecht 129. Wehrhaftes Heer 74. Wort, das freie 38.

Zeitgefahr 20. Zollverein 88. Zusammenhalten 92.

In der Hohen Kammer der Reichsräthe.

1849.

15. September.

1. Zu allen Zeiten, namentlich zu solchen, in denen ein so vielfacher und tiefaufgeregter Kampf der Meinungen geführt wird, wie in Deutschland seit anderthalb Jahren, ist es die Pflicht eines jeden Mannes, der an den Staatsgeschäften Antheil zu nehmen berufen ist, rein seiner freien innigsten Ueberzeugung zu folgen, unbekümmert darum, wie sie beurtheilt wird, ob sie ihm Lob oder Tadel bringt. Das gegenwärtige Ministerium, welches die Ehre hat, die öffentlichen Geschäfte des Königreichs zu leiten, ist vielleicht mehr, als seit langer Zeit ein Ministerium Bayerns, auf die Probe gestellt worden, ob es den Muth habe, in dieser Weise seiner Ueberzeugung zu folgen. So sehr man nun von dieser Ansicht durchdrungen sein mag, ist es doch eben so naturgemäß, daß es dem fühlenden Menschen nicht gleichgültig sein kann, wie sein Wirken beurtheilt wird, und daß die rechte Freudigkeit und Ausdauer in dem Berufe wesentlich gestärkt werde, wenn die Zeitgenossen, für die und unter denen man wirkt, mit dem übereinstimmen, was der Wirkende bezweckt.

12. November.

2. Darauf kann man die Zukunft unseres Vaterlandes nicht gründen, daß man die einzelnen Staaten, in denen das Leben unseres Volkes sich seit seiner Existenz bewegt hat, zerbricht, schwächt und kraftlos macht, denn damit wären die Lebensorgane unseres Volkes zerbrochen und seine Lebenskraft verloren. Darauf muß die Zukunft Deutschlands vielmehr gegründet werden, daß die wirklich lebensfähigen Staaten sich ihrer vollen Kraft bewußt werden, daß sie ihre volle

Freiheit der Beschlußfassung und des Handelns gewinnen, und daß sie im Bewußtsein dieser Freiheit das Wohl des Gesammtvaterlandes in's Auge fassen und die hiefür nöthigen Beschlüsse fassen. Nicht wenn eine terroristische Gewalt uns eine Verfassung aufzwingt, der wir uns knirschend fügen, und die wieder zu zerbrechen wir den Augenblick herbeisehnen, sondern wenn wir im Bewußtsein unserer Freiheit dem Ganzen uns willig einfügen, dann wird Deutschland eine Zukunft haben.

14. December.

3. Ein wahrhaft tüchtiger Mann ist nur derjenige, welcher in allen Fällen seinen Pflichten den Vorzug gibt, wo seine Pflicht mit dem zeitlichen Vortheil in Collision kommt.

4 Es ist nicht zu verkennen, daß das Gefühl für das, was Kirche und Religion ist, in unsern Tagen eine stärkere Abschwächung erfahren hat, als es zum Wohle der Menschheit und des Staates wünschenswerth ist.

5. Es gibt gewisse letzte sittliche Principien, die man nicht aufgeben kann und nicht aufgeben darf, es mag die Folge sein, welche sie wolle.

1850.

16. Februar.

6. Wer ein aufrichtiger, warmer Christ ist, muß gewiß wünschen, daß die Juden sämmtlich zum Christenthume bekehrt werden, und ich kann den Wunsch hiebei nicht unterdrücken, daß wir Christen doch unsern Missionsberuf nicht ausschließlich auf andere Welttheile richten, sondern mindestens mit derselben Kraft und Energie in unserer nächsten Umgebung geltend machen. Wodurch wird nun diese Bekehrung der Israeliten zum Christenthume wesentlich verhindert? Nicht blos meiner Ueberzeugung, sondern meiner Er-

fahrung nach), gerade durch den Ausnahmszustand der Israeliten. Ich habe hier nicht die ungebildete Classe derselben, die Schacherjuden, im Sinne; die werden so bleiben, wie sie sind, und auch die Emancipation wird sie nicht zum Christenthume bekehren. Aber ich habe denjenigen Theil der Israeliten im Sinne; von denen dieser Uebergang zum Christenthume ausgehen muß, denjenigen Theil, von welchem jede größere geistige Bewegung in einem Volke oder in einem Stande ausgehen muß, nämlich den in Bildung und Einsicht vorgeschrittenen Theil.

Viele von diesen Israeliten sind ihrem ganzen innersten Wesen, Denken und Fühlen nach Christen, lassen sich aber von dem Uebertritte zum Christenthume dadurch abhalten, daß es ihnen unehrenhaft erscheint, ihre bedrängten Glaubensgenossen in der Zeit der Noth zu verlassen. Ich weiß dieß aus dem Munde manches hochgebildeten Israeliten, daß sie nur als einen Hauptgrund, warum sie nicht Christen werden können, diesen angegeben haben: es sei immer der Schein, als träten sie nicht aus innerer Ueberzeugung über, sondern als wollten sie durch den Uebertritt zum Christenthume nur jener Beschränkungen los werden, als suchten sie Anstellungen im Staatsdienste oder irgend einen andern weltlichen Vortheil dadurch zu erreichen. Dieses Hinderniß der Christianisirung der Israeliten wird fallen, wenn sie emancipirt sind.

Es muß auch nicht außer Acht gelassen werden, daß es doch eine eigenthümliche Erscheinung ist, wenn die so weit überwiegende Zahl der Christen einen so panischen Schrecken vor den Juden im Verkehr, im Handel und Wandel an den Tag legt. Ich kann es kaum glauben, daß, wenn sich die geistige und sittliche Kraft der Christen ermannt, sie nicht diese Concurenz mit den Juden zu bestehen im Stande sein sollten. Es ist aber endlich auch die Frage, ob es gerecht und billig ist, einen Stamm, den man nun einmal bei sich aufgenommen hat, deßwegen fortwährenden Zurücksetzungen zu unterwerfen, weil man sich ihm nicht ganz gewachsen fühlt.

13. April.

7. Nur wenn man das, was wirkliches Bedürfniß, befriediget, gewinnt man auch das Recht und die Kraft, eingebildeten Bedürfnissen ihre verderbliche Befriedigung zu versagen.

13. Mai.

8. Es ist richtig, daß man die inländische Fabrikation und Produktion schützen muß; aber eben so richtig ist, daß man sich hüten muß, diesem Schutze den Character eines Treibhauses zu gewähren. Das kann nie vortheilhaft sein — für den Augenblick vielleicht scheinbar, aber es entbehrt der Nachhaltigkeit. Die Nachtheile, die daraus hervorgehen, überragen weit die Vortheile, die auf kurze Zeit erreicht werden. Naturgemäß ist es, diejenige Produktion und Fabrikation zu schützen, für welche im Lande die naturgemäßen Vorbedingungen gegeben sind.

17. Mai.

9. Es ist immer eine Abweichung von der Aufgabe der Armee, wenn sie viele verheirathete Offiziere hat, und darum haben manche Gesetzgebungen in andern Ländern das Heirathen der Offiziere und Soldaten geradezu verboten, oder wenigstens sehr beschränkt. Man hat ihnen auch bei uns nur gestattet, unter solchen Bedingungen sich zu verehelichen, durch welche Collisionen vermieden werden, in welche sie durch die Pflicht des Soldaten und die Pflicht für ihre Familien treten könnten. Deßhalb fordert man auch Kaution, damit diese Härte beseitigt werde, und wenn diese Kaution hiezu nicht ausreicht, wenn wirklich noch eine große Härte für die Familien der Offiziere besteht, so muß man die Kautionen entweder erhöhen, oder das Heirathen der Subalternoffiziere in irgend anderer Weise noch mehr beschränken.

10. Die Gesetze müssen nur auf allgemeine Verhältnisse Rücksicht nehmen, und können nicht auf das eingehen, was in dem einen oder andern Falle zweckmäßig ist.

11. Ich verkenne gewiß nicht die Aufopferungen, deren der Soldatenstand fähig ist, und fähig sein muß, und verkenne nicht, daß die bayerische Armee zu allen Zeiten, wo der Ruf ihres Königs an sie ergangen ist, dieser Pflicht heldenmüthig genügt hat; aber ich erlaube mir doch, daran zu erinnern, daß nicht der Soldat allein sein Leben einsetzt, auch der Civilstaatsdiener thut es, nur in anderer Weise, und mir wenigstens ist es sehr zweifelhaft, welche Art der Preisgebung der Gesundheit und des Lebens die leichtere, welche die schwerere sei. Was meine Individualität anlangt, so würde ich vorziehen, mein ganzes Leben hindurch, gestärkt durch körperliche Uebung und Bewegung in der freien Luft, für meine Gesundheit zu sorgen und einmal im männlichen Kampfe Leben und Gesundheit einzusetzen, wo es gilt, für König und Vaterland zu streiten. Diese Art der Aufopferung würde ich vorziehen vor der des Civilstaatsdieners, welcher bei schwerer Arbeit, sein ganzes Leben hindurch im Zimmer sitzend, der Bewegung in freier Luft entbehrend, seine Gesundheit nach und nach aufreibt, und mit siechem Körper in die Quiescenz tritt oder frühzeitig in das Grab sinkt und eine hilflose Familie hinterläßt. Beispiele der Art können Hunderte aus dem Leben und Schicksale unserer Civilstaatsdiener hervorgehoben werden. Noch schlimmer wird es in Zeiten der Bewegung. Wenn man unsere Zeiten in's Auge faßt, so ist jetzt das Loos des Soldaten, welcher frisch in den Kampf geht, leichter, als das des Civilstaatsdieners, welcher sich täglich der Mißdeutung, Verdächtigung, Anfeindung und Verleumdung ausgesetzt sieht, und für alle Mühen und Aufopferungen von keiner Seite rechten Dank findet.

1851.

1. April.

12. Sehr vortheilhaft sind die Eisenbahnen für den Verkehr im Großen und für den Wohlstand der größern Endpunkte oder der großen Verkehrsknoten, welche durch die Eisenbahn berührt oder gebildet werden, nachtheilig aber

in der Regel für die kleineren und Mittelstädte, an denen die Eisenbahnen vorübergehen. Die Erfahrungen in Norddeutschland haben dieses entschieden herausgestellt. Es sinkt der Häuserwerth so wie die Bedeutung der Gewerbe in diesen kleinen Städten, weil der ganze Verkehr, welcher bisher in ihnen Ruhepunkte gefunden hat, ohne Aufenthalt an ihnen vorübergeht.

25. November.

13. Wir leiden zu oft in der Geschichte Deutschlands durch die Anwendung des ächt-deutschen Sprichworts: „Es ist das Bessere der Feind des Guten."

14. Es ist bei allen größeren Reformen im Allgemeinen nicht nachtheilig, wenn sie auf ruhigem Wege und in einer gewissen Folgerichtigkeit der Entwicklung vor sich gehen. Vor Allem wird man darauf Werth legen müssen, daß solche Reformen gleichsam nur wie reife Früchte von dem Baum der allgemeinen Erkenntniß fallen, und daß sie nicht in dem Augenblicke, wo sie eingeführt werden, einen großen Theil des Volkes noch gegen sich haben.

15. December.

15. Die Gesetze sollen der Ausdruck der im Leben eines Volkes vorhandenen Verhältnisse sein. Sie sind die Mittel, die Bedürfnisse des Volkslebens zu befriedigen, und müssen daher die Verschiedenheiten, die in diesem wirklich vorhanden sind, auch zu erkennen geben und ausdrücken.

16. Es ist eine unwiderlegliche Thatsache, daß diejenigen Provinzen, nicht bloß in Bayern, in ganz Deutschland, sondern über Deutschland hinaus, in England, Frankreich, überall wohlhabend sind, und kein Proletariat haben, in denen der Grundbesitz in gewissen Quantitäten geschlossen bleibt, während, wo unbedingte Theilbarkeit des Bodens hergebracht ist, der Sitz des Proletariats zu finden ist. Solche Gegenden haben keine andere Hilfe mehr, als durch natur-

gemäße, oder, was noch schlimmer ist, durch künstliche Industrie sich zu halten, und die nicht wohlhabende Ackerbevölkerung durch eine nicht wohlhabende Fabrikbevölkerung zu vermehren.

17. Die Zahl der großen Verbrechen, die begangen werden, ist durchaus nicht der einzige richtige Maßstab für den sittlichen Zustand der Bevölkerung; das ist noch aus andern Faktoren zu erkennen. Es kann ein Volk sittlich viel verderbter und durch und durch zerfressen sein, weil schon nicht einmal mehr die rohe Naturkraft in ihm ist, die zu solchen Verbrechen treibt. Es kann eine solche Bevölkerung zu solchen Verbrechen schon zu sehr heruntergekommen sein, und nur um so mehr mit der gewöhnlichen schleichenden Unsittlichkeit behaftet sein. Die großen Verbrechen, die vor die Assisen gehören, die Körperverletzungen, die Todtschläge, sind nicht Ausflüsse des Proletariats, sondern mindestens eben so oft Ausflüsse der Wohlhabenheit und der daraus hervorgehenden Leidenschaftlichkeit.

Mir ist ein Volk lieber, das sich zu einzelnen großen Eruptionen der Leidenschaftlichkeit hinreißen läßt, aber den religiösen Glauben und die Achtung vor der überlieferten Sitte bewahrt hat, und ich glaube, daß es noch auf einem mehr sittlichen Boden steht, als ein solches, das zwar zu solchen Eruptionen der Leidenschaftlichkeit weniger gelangt, wohl aber in Theorie und Praxis alle Grundlagen des Bestehenden verloren hat.

19. December.

18. Alle menschlichen Dinge sind provisorisch und Gesetze am allermeisten; sie sind immer nur für eine bestimmte Zeit bestimmt; wenn sich die Lebensverhältnisse wieder ändern, tritt die Nothwendigkeit einer Abänderung hervor, und namentlich Gesetze, welche Theile bilden einer vollständigen Umgestaltung der ganzen Gesetzgebung, werden immer der Möglichkeit einer Abänderung ausgesetzt sein, und wenn die Vollendung eingetreten ist, geht die Arbeit von vorne an.

Ich habe mich mit der Rechtsgeschichte, nicht bloß der deutschen, sondern auch einiger anderer Völker, zu beschäftigen in meinem Leben veranlaßt gefunden, und es hat sich in mir die Ueberzeugung gebildet, man mag nun auf die ältesten Zeiten, auf die Griechen und Römer zurückgehen, oder auf die modernen Zeiten, überall da, wo eine lebendige, wirksame Rechtsbildung stattgefunden hat, war die Gesetzgebung in untergeordneter und fragmentarischer Thätigkeit begriffen, und ich will nur ganz kurz zum Beweise dieses Satzes zwei Beispiele citiren, den Höhepunkt des römischen Rechtslebens aus der alten Zeit und des englischen aus der unsrigen. Sie harmoniren, wie überhaupt die Geschichte dieser beiden Völker außerordentlich viel Vergleichungspunkte darbietet, gerade darin, daß sie nie das Bedürfniß nach einer allgemeinen systematischen Gesetzgebung gehabt haben; man würde denjenigen zurückgewiesen haben, der diesen Gedanken ausgesprochen hätte. In der Zeit vor Augustus und noch in der Zeit der Imperatoren, wo namentlich das römische Privatrecht den Höhepunkt erreichte, durch welchen es der Gesetzgeber der ganzen civilisirten Welt wurde, bis in die Zeit des Verfalles hat Rom niemals ein allgemeines Gesetzbuch gekannt, und selbst die späteren Gesetzbücher Rom's sind nur Sammlungen aus Ueberlieferungen der früheren Jurisprudenz, und England hat bis auf diesen Tag nicht das, was wir eine systematische, durchgreifende Gesetzgebung nennen, ja nicht einmal eine Verfassungsurkunde. Ich glaube, daß wir in Deutschland gerade deßwegen mit unsern Reformen so schwer von der Stelle kommen, weil wir zu systematisch und zu doctrinell zu Werke gehen.

1852.

21. Januar.

19. Unsittliche Menschen können nicht durch äußere Maßregeln in sittliche verwandelt werden.

20. Es ist überhaupt die große Gefahr unserer Zeit,

immer nur die Individuen schützen zu wollen, und die Gesammtheit schutzlos zu stellen.

21. Wir könnten aus der Geschichte lernen, wie eben die Staaten, die groß und mächtig dastehen, eben in der Macht des Gesammtorganismus auch zugleich die meiste persönliche Freiheit entwickelt haben. Gerade die großen gewaltigen Staaten des Alterthums, die uns immer als Träger der Freiheit gepriesen werden, vor allem das alte Rom, war auf den umgekehrten Grundsatz gebaut. Der Staat machte dort die Anforderungen an das Individuum, sich mit seiner ganzen Existenz ihm zum Opfer zu bringen, und wenn Beider Interessen collidirten, war die römische Gesetzgebung nie in Zweifel, wer weichen mußte.

22. Wie kann man sich für die Regierung eines Staates begeistern, die nicht einmal die Macht hat, die Unterthanen von einem nachläßigen Beamten zu befreien! Liebe hat der Schutzbedürftige — und das ist eben im Allgemeinen das Volk, es verlangt Schutz vom Staate — für den, der im Stande ist, ihm am besten Schutz gewähren. Es ist eine der größten Täuschungen, wenn man glaubt Hingebung für die Regierung dadurch herbeizuführen, daß man die Regierung schwächt und machtlos macht.

23. Der Grundsatz, der Richter kann gegen seinen Willen niemals versetzt werden, ist mit dem Staatswohl unvereinbar.

14. Februar.

24. Von vorne herein scheint es mir in der menschlichen Natur zu liegen, daß man die Lasten, welche man zu tragen hat, nicht zu vergrößern, sondern zu verringern wünscht, und es ist viel wahrscheinlicher, daß man für die unvermeidlichen Lasten die Hilfe Anderer sucht, als daß man die Lasten, welche man mit Anderen gemeinschaftlich zu tragen hat, auf sich allein übernehmen will.

25. Nicht dadurch wird, unserer Ueberzeugung nach, die Verschmelzung der einzelnen Landestheile herbeigeführt, die wir auch wünschen und anstreben, daß man die Angelegenheiten des einen Kreises durch die Vertreter der anderen Kreise entscheiden und vertreten läßt, sondern das scheint mir ein gesundes Leben herbeizuführen, wenn jedes Glied die ihm eigenthümlich zugewiesene Function versieht. Die Gesundheit des Menschen wird nicht dadurch gefördert, daß die Hand die Function des Fußes und der Magen die des Kopfes übernimmt, und so wird die Gesundheit des Staatskörpers nicht dadurch gefördert, daß man die speziellen Bedürfnisse des einen Kreises einem anderen zur Entscheidung überträgt.

26. Es ist dieses der sicherste Weg, unsere Zukunft zu gefährden, wenn man alles selbstständige Leben in den Gemeinden und Provinzen ertödtet, und in einem absoluten Mittelpunkte concentrirt.

27. Ich glaube, wir conserviren, stützen unsere Zukunft auf festen Grund und Boden, wenn wir Einrichtungen schaffen, welche der Nationalität und dem Geiste unseres Volkes entsprechen, und die Belehrung darüber können uns nur die vergangenen Jahrhunderte geben, nicht die trüben Verhältnisse der neueren Zeit, welche durch einen Cosmopolitismus herbeigeführt wurden. Man kann nicht die Gemeindeverfassung aus einem Lande in das andere übertragen; denn sie wird niemals in das Leben eindringen.

1853 und 1854.

1855.

12. Februar.

28. Im Staatsleben ist die erste und dringendste Pflicht, praktisch zu handeln.

29. Welches auch immer das Urtheil über die Natur des deutschen Bundes sein möge, welche Einwendungen gegen denselben nach verschiedenen Gesichtspunkten erhoben worden sind und erhoben werden mögen, ich glaube mit Bestimmtheit aussprechen zu können, er ist unter den jetzigen Zuständen Europa's das einzig mögliche Band der deutschen Nation, er ist der einzig mögliche Ausdruck unserer Gesammt-Nationalität; wenn er jetzt zerrisse, so würde nicht blos für jetzt, sondern vielleicht für alle Zukunft kein Ersatz für ihn möglich sein. Eben darum glaube ich, ist es eine hohe Aufgabe, an deren Lösung man nicht eher verzweifeln sollte, und für deren Lösung zu arbeiten man nicht eher aufhören soll, als bis die volle Unmöglichkeit derselben vor jedem Auge klar zu Tage liegt. Wenn man in diesem Bestreben mißdeutet, verkannt, Mißtrauen und Angriffen ausgesetzt wird, so kann dieß schmerzlich berühren, den pflichttreuen und seiner Pflicht bewußten Mann aber in seinem Streben nicht irre machen. Eben deßwegen halte ich es für unmöglich, daß irgend ein Organ einer deutschen Regierung jetzt sich darüber öffentlich ausspreche, was die Regierung thun werde, wenn der Augenblick eintritt, daß Deutschlands Einheit lediglich der Geschichte angehört; denn ein solcher Ausspruch, abgesehen von allen übrigen Schwierigkeiten, die ihm entgegenstehen, wäre das nächste und sicherste Mittel, die Bestrebungen für das Zusammenhalten Deutschlands erfolglos zu machen.

1856.

15. März.

30. In allen Zeiten, besonders aber in den jetzigen, wo die sogenannte öffentliche Meinung viel beweglicher ist, als je, gehört nicht viel dazu, um einen gewissen Satz in kurzer Zeit so oft wiederholen zu lassen, daß ihn am Ende Jedermann glaubt und Niemand mehr wagt, das Gegentheil auszusprechen, um sich nicht dem Vorwurfe auszusetzen, als sei er hinter dem Zeitgeiste und dem Verständnisse der Bedürfnisse der Zeit zurückgeblieben.

31. Ohne einen großen Transitverkehr wird keine Eisenbahn in der Welt sich vollständig rentiren.

In der Hohen Kammer der Abgeordneten.
1854.
17. September.

32. Der Ausdruck „Bundesstaat" ist eine Erfindung der neuen Doctrin, und wer die Geschichte des allgemeinen und besonderen Staatsrechtes kennt, wird mir recht geben, daß es durchaus nicht möglich ist, einen so bestimmten, und in jeder Beziehung sicheren Begriff damit zu verbinden, wie mit andern in der Wissenschaft und Sprache eingebürgerten Begriffen.

33. Davon hängt die Kraft und Macht von Deutschland, sei es Bundesstaat oder nicht, in keiner Weise ab, ob man in Bayern nach denselben Grundsätzen heirathen und das Schuhmachergewerbe treiben dürfe, wie in Königsberg und Köln. Dadurch aber gibt sich die Gemeinschaftlichkeit kund, wenn Derjenige, der in München als Schuhmacher sich niederlassen und heirathen will, gleichmäßig behandelt wird, er mag in Würzburg, Köln oder Königsberg gewohnt haben.

34. Sie (die Regierung) sieht in einem Deutschland ohne Oesterreich kein wahres, kein rechtes Deutschland. Sie glaubt daher, so lange als irgend möglich, Alles aufbieten zu müssen, eine Verfassung zu Stande zu bringen, an der Oesterreich Theil hat.

Sie hält dabei das Wesen der Einheit für wichtiger, als ihre Form.

Es ist eine Verfassung, die das ganze Deutschland umfaßt, nach der Ueberzeugung der bayerischen Regierung, vorzuziehen einer künstlich formirten Einheit eines Theiles von Deutschland.

Die bayerische Regierung will sodann keinen Einheitsstaat; sie glaubt, daß, so zweifelhaft die Vortheile eines solchen im Allgemeinen schon sein mögen, er der Natur und den Territorialverhältnissen Deutschlands entschieden zuwider sei, und nicht das Glück, sondern das Unglück Deutschlands herbeiführen müsse.

Es will die bayerische Regierung eben deßhalb nicht bloß den offenen Einheitsstaat nicht, sie will auch den maskirten Einheitsstaat nicht. Einen solchen findet sie sowohl in der Verfassung, wie sie zu Frankfurt beschlossen wurde, als auch in dem Entwurfe, wie er aus den Berathungen in Berlin hervorgegangen ist. Wir finden darin einen maskirten Einheitsstaat, und eben deßhalb eine unhaltbare Verfassung. Nach der Ueberzeugung der bayerischen Regierung muß, wenn dieser Entwurf in's Leben tritt, von zwei Dingen Eines binnen kurzer Zeit eintreten: das Reichsoberhaupt und der Reichstag dieser Verfassung müssen entweder in kurzer Zeit die einzelnen Staaten vernichten, oder sie werden von den einzelnen Staaten vernichtet. Ein Drittes halten wir bei dieser Verfassung für unmöglich, weil sie in der That alle wesentlichen Regierungsrechte auf das Reichsoberhaupt und den Reichstag concentrirt, so daß daneben selbstständige Staatsverfassungen mit konstitutioneller Vertretung und eigenem Staatsoberhaupte nicht haltbar sind. Hält die deutsche Nation eine solche Gestaltung für ihre Verfassung nothwendig, so drücke man es offen aus; man gebe einen Entwurf, der deutlich sagt, daß die einzelnen Staaten aufhören zu bestehen, und höre dann die Stimme des Volkes, aber man maskire den Einheitsstaat nicht, wie es geschehen ist.

Empfindlichkeit ist kleinen Naturen eigen; sie wäre strafbar im höchsten Grade in so großen Momenten.

Die bayerische Regierung hat als ihre Aufgabe betrachtet, zu verhüten, daß über die Zukunft Deutschlands entschieden werde zu einer Zeit, wo das Land und die deutschen Stämme, die seit Jahrhunderten die Bannerträger Deutschlands waren, durch schwere Krankheiten in ihrem innern Leben gehindert waren, an dieser Entscheidung Theil zu nehmen.

Bayerns Regierung erkennt in dieser ihr gewordenen Aufgabe eine geschichtliche für die Entwickelung der ganzen deutschen Nation. Sie glaubt sagen zu können, daß diese Aufgabe gelöst ist. Oesterreichs weites Reich genießt des Friedens wieder, den wir ihm gewünscht, und dessen Dauer wir ihm vergönnen. Oesterreichs Regierung und Volk sind jetzt im Stande, mit vollem Antheile einzugreifen in die Gestaltung der deutschen Zustände; sie sind es nicht allein im Stande, sie sind dazu berufen und verpflichtet. Vor diesem höheren Berufe tritt die bayerische Regierung jetzt und wohl mit ihr auch das bayerische Volk zurück. Erwarten wir, was Oesterreichs Regierung und Volk uns bieten werden, und wollen wir dann unser letztes Wort reden! Die bayerische Regierung glaubt ihrer Pflicht getreu geblieben zu sein. Zunächst werden die Vertreter des bayerischen Volkes ihre Ansicht darüber aussprechen. Alle aber, die an diesen Dingen durch Wort und That sich betheiligt haben, wird die Geschichte richten!

6. October.

35. Es fällt dem gegenwärtigen Ministerium nicht ein, die Solidarität von sich abzulenken, es hält es vielmehr für seine Pflicht, dieselbe in jeder Beziehung aufrecht zu erhalten; aber dieselbe hat gewiß eine Grenze, die in Bezug auf einzelne Fragen besteht, sonst würden alle Geschäfte aller Ministerien im Gesammtministerium verhandelt werden müssen.

23. October.

36. Ich bitte um die Erlaubniß, noch einige Worte zu erwiedern, und nicht bloß als Minister, sondern zugleich in meiner Eigenschaft als Abgeordneter und Deutscher überhaupt: Ich stimme vollständig darin überein, daß die defi=

nitive Gestaltung der deutschen Verfassung nicht durch die Kabinete allein geschehen kann und darf, und ich wenigstens werde dazu niemals mitwirken. Ich wiederhole es, es kann nicht davon die Rede sein, daß die definitive Verfassung Deutschlands rein durch die Fürsten oktroyirt werde. Eine Vereinbarung muß in dieser Beziehung statt finden, wenn sich auch in diesem Augenblicke noch nicht mit Bestimmtheit und Klarheit darlegen läßt, welches Organ die Vertretung des deutschen Volkes hier zu üben hat. Ich weiß nicht, ob sich Jemand einen solchen Blick in die Zukunft zutraut; ich habe ihn nicht. — Sei es nun, daß die einzelnen Ständeversammlungen dieses Organ sein werden, oder daß es eine zu berufende allgemeine Vertretung bildet — so viel ist mir als feste Ueberzeugung: die Fürsten allein werden die definitive Verfassung Deutschlands nicht feststellen können, wenn Friede werden soll; ich bin aber auch überzeugt, die Fürsten wollen es nicht allein thun; jedenfalls will es die bayerische Regierung nicht, und die Männer, welche jetzt die Ehre haben, an der Spitze der bayerischen Verwaltung zu stehen, werden dazu niemals mitwirken.

37. Staatsmänner müssen praktisch handeln, und die Dinge nehmen, wie sie sind, wie sie liegen.

25. October.

38. Die Aufgabe des Gesetzgebers scheint nur die zu sein, den Zusammenhang mit der rechtlichen Ueberzeugung des Volkes festzuhalten, diesen der Gesetzgebung zu Grunde zu legen, und die Rückwirkung der Gesetzgebung auf das sittliche und rechtliche Gefühl zu sichern. Ich halte es für wichtiger, daß die verschiedenen Verbrechen und Vergehen nach einem gerechten, gleichmäßigen Maßstabe, und in einem gerechten Verhältnisse mit Strafen bedroht werden, als daß überhaupt strengere oder gelindere Strafen angeordnet werden.

Daß nicht eine Handlung, welche nach ihrem sittlichen und rechtlichen Kern strafbar oder gleich strafbar ist, wie eine andere, gelinder behandelt werde, dieß scheint mir die wesentliche Aufgabe der Strafgesetzgebung zu sein.

Bestehen hinreichende Gründe dafür, daß wir unserm Volke die Ueberzeugung beibringen, die Preßvergehen seien gelinder zu beurtheilen, als andere? Ich glaube dieß entschieden verneinen zu müssen.

Man hat für solche abweichende Behandlung appellirt an die hohe Würde der Literatur, an die Aufgabe der geistigen Thätigkeit der Menschheit, und das freie Gebiet dieser Thätigkeit. Gewiß verkenne ich den Werth dieser Appellation nicht; ich habe vom Anfange an bis herein keinen andern Beruf gehabt, als aus den in unserer bisherigen Literatur niedergelegten Schätzen der geistigen Arbeiten meine Bildung zu saugen, und das Wenige, was ich daraus aufgenommen, der Jugend meines Volkes mitzutheilen.

Ich habe die Bedeutung des freien Wortes niemals verkannt, denn das freie Wort täglich zu üben, war bis zum Ausbruch der Revolution mein liebgewordener Beruf, an welchen sich in meinem Herzen theurere Erinnerungen knüpfen, als an meine spätere Thätigkeit. Es ist aber nicht zu übersehen, was das Bedürfniß der menschlichen Gesellschaft ist, für welche wir zu sorgen hier berufen sind.

Vor Allem erinnere ich daran, daß in der Presse nicht blos die Literatur in ihrem hohen, heiligen Sinne, nicht bloß jene freie Geistesthätigkeit ihre Produkte verbreitet, die Presse kann nicht bloß zu Vergehen und Verbrechen führen, in der Richtung, wie man sie politische Verbrechen oder Vergehen zu nennen pflegt, oder wissenschaftliche, die im Zusammenhange stehen mit dem unaufhaltsamen geistigen Triebe des Menschen; sie kann auch mißbraucht werden zu gewöhnlichen Vergehen und Verbrechen, sie kann auch die Urheberschaft zum Diebstahl, Brandstiftung, zu ganz gewöhnlichen gemeinen Verbrechen sein. Von dieser Seite ist gewiß kein Grund denkbar zu einer abweichenden Behandlung der Preßvergehen und Verbrechen, aber ich glaube, er ist auch im höhern Gebiete nicht vorhanden; denn eben um dieser höhern Bedeutung der Thätigkeit willen, die der Presse zugewiesen ist, um der ausgebreiteten Wirkung willen, deren sie fähig ist, ist sie um so strengeren sittlichen Pflichten unterworfen.

Die Presse ist die leichteste, die wirksamste, die ausgedehnteste Einwirkung auf die öffentliche Meinung, auf die Richtung im Geistesleben des Volkes, auf die sittliche und rechtliche Ueberzeugung desselben, und in diesem Sinne kann sie verderblicher und schädlicher wirken, als irgend ein anderes Vergehen und Verbrechen, darum fordert die menschliche Gesellschaft und die Ordnung im Staate die Gesetzgebung zur doppelten Wachsamkeit auf, und ich glaube, man versündigt sich gerade an der gesellschaftlichen Ordnung, wenn man Preßvergehen unter einen andern Gesichtspunkt stellt, als andere Vergehen.

Man hat appellirt an die Erfahrung, daß diejenigen, welche für die höchsten Güter der Menschheit und ihre Fortentwickelung gekämpft hätten, von jeher gekreuzigt und verbrannt worden seien.

Ich stelle daneben den Gedanken, daß, wo wirklich der göttliche Funken in einer menschlichen Brust gezündet hat, um dem menschlichen Geschlechte neue Bahnen der Bildung und Tugend zu zeigen, oder auch nur neue Bahnen in der leiblichen Entwickelung und in der Erforschung der uns umgebenden Natur, daß da keine Menschenmacht den Sieg zu hemmen im Stande war. Ich erinnere aber daran, daß gar häufig Jemand glaubt, von einem solchen göttlichen Funken entzündet zu sein, der es nicht ist. Es besteht die Gefahr der Großmannssucht, die sich berufen glaubt, die aus den Fugen gegangene Welt wieder einzurichten, während sie es am allerwenigsten ist. Es besteht die Gefahr, daß die Grundlagen der menschlichen Gesellschaft, das sittliche, religiöse, rechtliche Bewußtsein des Volkes täglich dem Spotte und Hohne unreifer Knaben preisgegeben ist, und dagegen aufzutreten, ist die Gesetzgebung berufen und verpflichtet.

Was die Folge solcher Selbstüberhebung des individuellen Hochmuthes ist, deutet der größte Dichter unseres Volkes in seinem unsterblichen Werke an. Ja, in Faust ist jener göttliche Funke auch gewesen, aber er hat demselben eine

Ausdehnung geben wollen, welche dem Menschen nicht zukommt; es ist hier jene übermüthige Selbstvergötterung des Menschen vor uns gebracht, und der Dichter hat uns in Faust's Sturze angedeutet, was die Folge ist. Vor solchem Sturze, vor der Vernichtung der Grundlage der bürgerlichen Gesellschaft, der ganzen religiösen, sittlichen und wissenschaftlichen Existenz unseres Volkes so weit möglich zu bewahren, dazu sind wir berufen, und darum ersuche ich Sie, nicht in dem Volke den Gedanken zu nähren, daß Verbrechen und Vergehen, die durch die Presse begangen werden, weniger gefährlich, weniger strafbar seien, daß sie weniger unsittlich seien, als die andern. (Beifall.)

2. November.

39. Handlungen Anderer, die uns in vertraulicher Weise bekannt werden, dürfen wir schon im Privatleben nicht anders, als wie uns anvertraute Geheimnisse behandeln; politische Akte anderer Regierungen, die zu unserer Kenntniß gelangen, sind, so lange die Regierung, von der sie ausgehen, nicht selbst mit deren Veröffentlichung einverstanden ist, meiner Ueberzeugung nach, denselben Regeln unterworfen.

5. November.

40.*) Unser Princip heißt:

„**Kein zerstückeltes Deutschland, sondern ein ganzes.**"

„Wir wollen kein Deutschland ohne Preußen."

Es wäre ein sehr kurzsichtiger Mann, — er brauchte kein Staatsmann zu sein, nur einen Blick auf die deutsche Karte zu werfen, — der glauben wollte, es könne Deutschland gebildet werden, ohne Preußen.

Das ist eben so unmöglich, als das andere, und noch unmöglicher scheint mir, ein Deutschland zu bilden, ohne Oesterreich und ohne Preußen.

---

*) Aus der berühmten großen Rede über die deutsche Frage.

Also wir wollen kein zerstückeltes Deutschland, sondern ein ganzes; und warum wollen wir dieß? Nicht bloß aus Gründen des Gefühls, die unser alter Arndt in seinem unvergeßlichen Liede niedergelegt hat; denn wir wissen sehr wohl, daß man die Politik nicht mit dem Gefühle machen darf, sondern aus Gründen ruhiger, nüchterner Ueberlegung, aus Verstandesgründen allein, von denen ich wenigstens glaube, daß sie in der Politik das Entscheidende sind; denn nur die aus ruhig verstandener Erwägung der Verhältnisse geborene Politik kann eine Dauer haben, die Politik des Gefühles vergeht mit der Erregung, der sie ihre Entstehung verdankt.

Von der Geographie muß die Politik ausgehen, sonst baut sie in die Luft. Es genügt nicht, eine Form zu wählen, die Stärke geben kann. Man muß den Boden haben, auf welchem sich diese Form der Stärke entwickeln kann, sonst ist die scheinbare Stärke die Quelle der Schwäche und des Unterganges.

Was sind Monate, was sind Jahre in dem Leben eines Volkes!

Wie im Leben der Einzelnen, so im Leben der Staaten kann man an dem Hasse, den sie erfahren, ihre Bedeutung bemessen, und das, was sie gerade im Augenblicke gewirkt oder verhindert haben.

Es wäre eine sehr thörichte Politik, welche Bayern isoliren wollte, ein Land, das so mitten in Deutschland liegt, das eigentlich gar keine Grenzen hat, als das kurze Stückchen von Frankreich, sonst ist Bayern von Deutschen umwohnt, und es müßte ein sehr beschränkter Kopf sein, der auch nur einen Augenblick den Gedanken fassen wollte, dieses Land zu isoliren, und demselben eine rein europäische Stellung einzuräumen.

Man zeige uns erst **das Deutschland**, für das wir Opfer bringen sollen, und für das auch Andere Opfer zu bringen bereit sind, und dann frage man uns, ob wir Partikularisten sind oder nicht; so lange aber nichts anderes uns entgegen tritt, als ein anderer, wenn auch in sich vollkommen berechtigter Partikularismus, setzen wir mit demselben Rechte auch den unsrigen entgegen.

Wir sind nicht so thöricht, unsere (Bayerns) Kraft zu überschätzen, wir unterschätzen sie auch nicht, das sind wir dem Lande, das sind wir unserem Volke schuldig.

Es gibt allerdings große politische Momente, und für die Regierungen die Pflicht, solche Momente zu ergreifen und nach ihnen zu handeln. Es gibt aber auch politische Gelegenheiten und für die Regierungen die Pflicht, sich nicht zur Ausbeutung solcher Gelegenheiten verleiten zu lassen. Worin liegt der Unterschied zwischen beiden? Man ergreift einen politischen Moment, wenn man in die Lage der Verhältnisse nach seinen Grundsätzen, nach Pflicht und Gewissen eingreift. Man speculirt aber auf eine Gelegenheit, wenn man der Aussicht auf einen Vortheil die Grundsätze des Rechtes und der Ehre zum Opfer bringt.

Die bayerische Regierung hat der Frankfurter Verfassung sich widersetzt, weil sie in dieser Verfassung eine so wunderbare Mischung demokratischer, monarchischer und zum Theil revolutionärer Grundsätze erkannt, weil sie überzeugt war, auf eine solche Verfassung könne das Glück des Volkes nicht begründet werden. Mit dieser Ueberzeugung wäre es ein Verrath am deutschen Volke gewesen, sie in's Leben einzuführen.

Die Politik der Gelegenheiten, dieß beweist die Geschichte bis in die neueste Zeit, führt zunächst zu Verlegenheiten, dann zu Niederlagen und möglicher Weise zur moralischen Vernichtung; denn auch dieses gilt von Staaten wie von Individuen, daß, wenn man alle Grundsätze des Rechts und seine bisherige Ueberzeugung dem Vortheile des Augenblicks aufopfert, man damit moralisch vernichtet wird.

Man muß in der Politik nicht die Gefühle, Wünsche und Hoffnungen, sondern die gegebenen Verhältnisse in's Auge fassen und nach dem Möglichen, Erreichbaren trachten.

Wer einen Zweck will, muß auch die Mittel dazu wollen.

Als ich berufen wurde, die deutsche Frage in Bayern

in die Hand zu nehmen, drohte der Riß zwischen Deutschland und Oesterreich. Jene Gefahr ist beseitigt und ich kann sagen, ich habe einiges dazu beigetragen. Ob die Gefahr wiederkehrt, ob sie künftig vermieden werden wird, das ist nicht mehr Sache der Bayerischen Regierung allein, während es in diesem Sommer Sache der Bayerischen Regierung war, dieser Gefahr entgegen zu treten. Ich habe diese Aufgabe, die mir die Vorsehung gesetzt, meiner Ueberzeugung nach gelöst. Ich glaube als deutscher Mann gehandelt zu haben.

7. November.

41. Die Monarchie ist eine politische Institution, die eben so große Pflichten als Rechte in sich trägt, und bei jedem Schritte, den ihre Vertreter und Organe thun, haben sie wohl im Auge zu behalten, ob ein solcher Schritt die Grundvesten der Monarchie angreife oder nicht. Wo sie das Erste wahrnehmen, da ist es ihre Pflicht, einen solchen Schritt nicht zu thun, und sich durch keinerlei Furcht wegen des Erfolges anders bestimmen zu lassen. Wenn dasjenige, was zur Rettung der Monarchie gerathen wird, eben selbst schon ihre Vernichtung ist, so wird kein Organ der Monarchie es thun können, ohne seine Pflicht zu verletzen. Man würde sonst von ihm und der Monarchie sagen müssen, "aus "Furcht, zu sterben, ist sie schon gestorben." In einem solchen Falle gibt es dann einen Kampf für das anerkannte Gute ohne Rücksicht auf den Ausgang.

In dieser Weise hat die Bayerische Regierung der Frankfurter Verfassung ihre Zustimmung versagt, weil sie in ihr das Todesurtheil der monarchischen Verfassung, wenigstens möglicher Weise, zu erkennen glaubte, je nachdem eines von den zwei sich durchaus widerstreitenden Elementen, aus deren unnatürlicher Ehe diese Verfassung hervorgegangen war, das Uebergewicht erlangen würde.

Aus diesem Grunde hat die Bayerische Regierung der Verfassungsaufstellung vom 26. Mai ihre Zustimmung versagt, weil in ihr das Grab der Monarchie, zwar nicht für ganz Deutschland, wohl aber das Grab der Bayerischen Monarchie gefunden wurde, und weil sie sich für verpflichtet hält, die Bayerische Monarchie eben so fest zu halten, wie das Princip der Monarchie überhaupt.

Auf diesem Grundgedanken stehend, wird die Regierung jede Krisis behandeln, die noch kommen kann; sie wird nämlich, um die Monarchie zu retten, nie zu etwas zustimmen, was ihre Vernichtung, wenn auch nur im Keime, enthält. Meine Ueberzeugung ist, daß die Zukunft dem monarchischen Principe gehört, wenn auch Stürme größerer und längerer Dauer ihre Nothwendigkeit noch auf die Probe setzen sollten.

Ich verkenne nicht die Vernunftmäßigkeit und die unter gewissen Verhältnissen unbestreitbare Zweckmäßigkeit anderer Verfassungen; aber ich bin durch und durch überzeugt, daß bei einem Kulturzustande, wie der unsrige, auf der geschichtlichen Höhe eines Volkes, wie des unsrigen, die monarchische Verfassung die einzige ist, die eine Dauer in sich trägt und alle Gefahren und Anfechtungen überwindet. Ich bin auch überzeugt, daß im eigentlichen Volke das monarchische Bewußtsein und Gefühl der Nothwendigkeit dieser Institution nicht bloß für seine Ruhe und Ordnung, sondern auch für seine wahre Freiheit zu tief eingewurzelt ist, als daß Stürme irgend einer Art es auf die Dauer vernichten könnten.

Man muß nur das eigentliche Leben des Volkes, das Sein und Glauben des Volkes, unterscheiden von dem, was eine erregte Zeit, und die in ihr an die Oberfläche getriebenen Wortführer dafür ausgaben oder auch im guten Glauben dafür hielten. Nicht also mit der Furcht des Unterliegens, sondern mit der Gewißheit des Sieges stehe ich auf dem Posten, wo ich berufen bin, das monarchische Princip zu vertheidigen, und ich wiederhole es, ich halte es für meine Pflicht und für die Pflicht eines jeden Organes einer monarchischen Verfassung, durch Furcht vor künftigem Untergang sich nicht verleiten zu lassen zur Unterzeichnung von Akten, die den Untergang der Monarchie im Keime in sich tragen.

29. November.

42. Wir sind einer allgemeinen Amnestie nicht etwa deßwegen entgegen, weil wir glauben, der Staat würde zu Grunde gehen, wenn sie ertheilt würde, in Folge der Thätigkeit der Amnestirten. Nein, so stark ist Gottlob unser Staatsorganismus, daß er es ertragen könnte, wenn alle die, die jetzt von dem Aufenthalte im Lande oder von ihrer freien Bewegung im Lande ausgeschlossen sind, in diese freie Bewegung innerhalb des Landes zurück versetzt würden. Nicht die Furcht, die wir für unsere Staatsordnung vor den Personen hegen, ist es, die uns von der allgemeinen Amnestie abhält, es ist vielmehr nur ein sittlicher Gedanke. Deßhalb wollen wir keine allgemeine Amnestie, weil wir glauben, daß dadurch die sittliche Idee des Rechts, auf welcher alle Ordnung, und so namentlich auch die Staatsordnung ruht, Preis gegeben würde, und weil in Folge hievon der Staat Gefahr laufen müßte.

Bei der ersten Erhebung im vorigen Frühjahre hat das deutsche Volk eine neue Bahn seines politischen Lebens verlangt, und als von den Regierungen der Wille ausgesprochen war, auf diese längst als nothwendig erkannte und angedeutete Bahn nun wirklich entschieden einzugehen, da waren die Bedürfnisse und Wünsche des Volkes befriedigt. Darum kehrte die Ruhe zurück. Nicht um der Fürsten willen, sondern um seinetwillen blieb das deutsche Volk vor den Thronen stehen, in dem tiefen, ausgesprochenen oder nicht ausgesprochenen Bewußtsein, daß die Throne und die Fürsten auf ihnen, der Mittelpunkt und Halt des politischen Lebens und der sittlichen Ordnung sei, und daß mit dem Angriffe auf diese die Ordnung angegriffen und gefährdet sei.

Es ist also nicht das deutsche Volk besiegt worden von seinen Fürsten und ihren Räthen, sondern es ist im Verlaufe der neu eingeschlagenen politischen Bahn eine politische Partei von der Mehrheit des deutschen Volkes überwunden worden.

Aus diesen Erwägungen glaubte die Regierung, die sittliche Idee des Rechtes, wie sie im deutschen Volke lebt, und wie sie sich in der Ueberwindung einer politischen Partei durch die entschiedene und feste Mehrheit des deutschen Volkes kund gegeben hat, verbiete eine allgemeine Amnestie.

1. December.

43. Bei jedem andern Beamten ist das Amtsgeheimniß nur dahin gerichtet, daß er das, was er amtlich erfahren, nicht andern Personen mittheile, welche nicht berechtigt sind, hievon Kenntniß zu nehmen. Bei dem Minister tritt es in Verbindung mit der Verantwortlichkeit, welche das konstitutionelle Princip auferlegt. Der Minister deckt durch seine Verantwortlichkeit in Verbindung mit dem Amtsgeheimnisse vorzüglich die Krone, und ich fasse diese Pflicht nicht bloß so, daß man schweigt, sondern daß man auch von dem Amtsgeheimnisse gar nicht redet. Ich kann mich sonst nicht der Erinnerung erwehren, daß Personen im Privatleben mitunter sagen: „ja, wenn ich über den Mann nur reden dürfte;" das ist verderblicher als wenn man redete.

Es mögen von unten oder von oben, gleichviel von welcher Seite, an einen Minister Anforderungen kommen, was immer für eine, so hat er sich zu fragen, ob er ihnen aus Ueberzeugung entsprechen kann, oder nicht. Im ersteren Falle ist seine volle Verantwortlichkeit vorhanden. Im zweiten Falle, wenn er nicht entsprechen kann, hat er wieder eine Alternative vor sich; entweder nimmt er um dieser Anforderungen willen seine Entlassung, oder er bleibt im Amte. Wenn er seine Entlassung nimmt, so ist er von jeder Verantwortlichkeit frei, und die Sache hat wieder kein Bedenken. Bleibt er aber im Amte, so kann ich diesen Fall nur mit dem ersten auf gleiche Linie stellen. Ob der Minister aus innerer Ueberzeugung der Anforderung nachgibt, oder ob er ihr nachgibt, weil er glaubt, daß in diesem Augenblicke eine Ministerkrisis, durch seinen Rücktritt veranlaßt, ein größeres Uebel wäre, als seine Unterordnung unter die Anforderung, ist gleichgültig.

Dadurch, daß er im Amte bleibt, hat er die ungetheilte Verantwortlichkeit übernommen, gerade so, als ob die

Gewährung aus seiner innigsten Ueberzeugung hervorgegangen wäre; er muß die Verantwortlichkeit tragen, und er darf nicht rekurriren auf das Amtsgeheimniß, um dadurch etwaige Anschuldigungen zu decken; denn ein solches Rekurriren auf das, was man nicht sagen dürfte, gibt allen Vermuthungen Raum, und bringt auf diese Weise Personen in eine verdächtige Lage, welche sich zu rechtfertigen nicht im Stande sind.

Die Verpflichtungen der Minister über die Verantwortlichkeit und über das Amtsgeheimniß sind die Grundpfeiler des konstitutionellen Systems.

6. December.

44. Es ist schnell gesagt und äußerlich schnell gethan, eine Kammer aufzulösen. Ich brauche aber wohl die inhaltsreiche Bedeutung eines solchen Aktes nicht zu erörtern; es ist die größte Krisis, in die man das ganze Staatsleben bringen kann, es ist die Fieberkrisis, welche über Tod und Leben bei weitem in den meisten Fällen entscheidet, und eine solche so lange als möglich abzuwenden, glaube ich, ist nicht bloß Pflicht der Regierung in dem einzelnen Falle, sondern auch der Gesetzgeber.

10. December.

45. Ich spreche zunächst für den Gesetzentwurf nicht aus Indifferentismus in religiösen Dingen, nicht etwa deßhalb, als ob ich glaubte, wie man oft gesagt hat, der Staat dürfe keine Religion haben, oder er müsse religionslos sein; ich spreche für den Gesetzentwurf auch nicht, weil ich den Gedanken des christlichen Staates verwerfe, oder für unrichtig halte; im Gegentheile, ich bekenne hier frei und offen, daß ich glaube, das letzte und wahre Fundament unserer Staaten ist das Christenthum, und wird und muß es bleiben. Wenn wir erst aufgehört haben sollen, christliche Staaten zu sein, so werden wir überhaupt nicht mehr lange als Staaten existiren.

Ich glaube an keine Reform des Judenthums, die eine

andere ist, als ein Uebergang zu dem Christenthum. Das Judenthum hat seine Reform gefunden, als Christus der Herr in die Welt kam, und ich bin überzeugt, daß es eine andere Reform nicht gibt. Alles Andere, was man Reform nennt, kann nur das sein, was man auch für Reform des Christenthums hält, nämlich ein Aufgeben des göttlich religiösen Elementes und ein Verflachen desselben in eine bloße Moral. Ich bin keineswegs der Ueberzeugung, daß das Wesen der Religion die Sittenlehre sei, denn in den Hauptpunkten stimmen die meisten Religionen in der Sittenlehre zusammen. Das Wesen der Religion ist vielmehr die Ueberzeugung, die der Mensch gefaßt hat über sein Verhältniß zu der allmächtigen Hand, die über ihm ist, die Stellung des Menschen zu Gott und die Beurtheilung dieser Stellung, die, weil sie dem Verstande und der Vernunft nicht nachweisbar ist, mit dem innersten und tiefsten Gemüthe erfaßt, und zum Glauben ausgeprägt werden muß. Das ist das Wesen der Religion, und eine Reform, die dieses vernichtet, ist meiner Ueberzeugung nach die Vernichtung der Religion.

Ich spreche für den Gesetzentwurf auch nicht von dem gewöhnlich vorangestellten Standpunkt der Humanität und Milde, und werde daher auch in keiner Weise versuchen, das Gefühl oder Mitleid rege zu machen. Denn ich glaube, daß bei der Gesetzgebung und Lenkung des Staates diese Gefühle, wenn auch nicht schlechthin ausgeschlossen, doch in keinem Falle die maßgebenden seien. Mein Standpunkt ist vielmehr bei diesem Gesetze ein durchaus praktischer, der der Staatsklugheit, der der Gesetzgebungspolitik.

Man macht in der Regel die Menschen zu dem, wozu man sie von vorneherein stempelt und ausgibt. Zu allen Zeiten haben die sogenannten unehrlichen Klassen des Volkes nicht allein die Schuld gehabt an ihrer moralischen Verderbtheit, sondern jenes Vorurtheil der Uebrigen hat sie in dieser Verderbtheit erhalten und gleichsam in dieselbe hineingezwungen. Man hebe dieses Vorurtheil auf, und man wird einen sittlichen Halt da anlegen, der zur Besserung wirkt, wo bisher das Vorurtheil das sittliche Gefühl niedergedrückt hat. Die Geschichte beweist dieses.

Ich bin gewiß der Letzte, welcher die Bedeutung der Stammesverschiedenheit verkennt, und bin überzeugt, daß einer der wichtigsten Hebel alles Staatslebens die Nationalität ist. Aber er ist nicht der einzige. Wir haben uns zwar in neuerer Zeit, ich möchte sagen, in den Gedanken hineinphantasirt, daß der Staat und die Nationalität des Volkes im Staate durchaus identisch sein müsse. Die Geschichte aber straft diesen Gedanken Lüge; wir haben in Europa kaum einen einzigen Staat, welcher auf einer Nationalität ruht, und es steht dieses im Zusammenhange mit dem fortgeschrittenen Zustande der Kultur der europäischen Völker. Die völlige Abgeschlossenheit der Nationalität gehört der Zeit der Kindheit des Staates an, namentlich der Zeit der Völkerwanderung; bei fortgesetzter Staatenbildung aber, bei Fixirung der Volkssitze, mischen sich die Nationalitäten mehr oder minder, und gehen ineinander über.

Sich geltend zu machen, ist nicht ein Fehler, das ist der Naturtrieb eines jeden lebenden Wesens, und im Menschen tritt er ganz besonders hervor. Es ist die Lebensbedingung; wo sie nicht mehr existirt, hört das Dasein auf.

Ich kann nicht glauben, daß, wenn das jüdische Volk erst die gleiche politische Stellung hat, es nicht auch das gleiche Bedürfniß conservativer Staatsprincipien mit den Christen fühlt, und ich bin überzeugt, sind die Juden in dieser Beziehung befriediget, hat der Staat die Ungerechtigkeit von ihnen genommen, so werden wir die geistig und sittlich befähigten Juden eben so gut für Ordnung und Recht und für Erhaltung des Bestehenden in die Schranken treten sehen, als jetzt die meisten an dem Bestehenden rütteln; aber auch bei den niedern Klassen des Judenthums wird das eintreten; gerade wer besitzt, will erhalten, und es erscheint mir als psychologische Sonderbarkeit, daß man besitzende Juden als Beförderer der Bewegung gefunden hat, — das wird aufhören, sobald sie nicht so naheliegende Zwecke zu errei‍chen haben.

Ich habe schon bei andern Gelegenheiten bekannt, daß meines Erachtens es die Pflicht der Regierung ist, wo sie auf einer festgegründeten, wohlüberlegten Ueberzeugung steht, das, was das Wohl des Staates nach dieser ihrer Ueberzeugung fördert, zu verfolgen, wenn sie auch im Au‍genblicke die öffentliche Meinung nicht für sich hat; ich habe bei andrer Gelegenheit das für meine Pflicht gehalten, und daraus den Muth geschöpft, der öffentlichen Meinung ent‍gegen zu treten, — ich habe dasselbe Pflichtgefühl und den‍selben Muth hier, wenn wirklich die öffentliche Meinung so entschieden auf der andern Seite steht. Ich habe in jenen andern Fällen dieser Art in mir die Ueberzeugung getragen, daß, wenn erst eine gewisse Zeit vorübergegangen sein wird, die öffentliche Meinung eine andere Richtung nehmen dürfte, ich trage dieselbe Ueberzeugung hier in mir.

19. December.

46. Die Regierung wird natürlich auch die Beschlüsse einer Kammer, wenn sie die Zustimmung der andern Kam‍mer nicht erhielten, nicht als in den Wind gesprochen be‍trachten, sie wird dieselben im Gedächtnisse behalten und be‍rücksichtigen.

1850.

19. Januar.

47. Das Vereinswesen kann dem Staate große Vor‍theile bringen. Es kann die politische Bildung des Volkes befördern und verbreiten. Wenn die öffentlichen Angelegen‍heiten, wenn die allgemeinen Grundlagen der Verfassung, wenn die wichtigsten Aufgaben im öffentlichen Leben des Augenblicks, der Gesetzgebung, der Verwaltung, in Vereinen von einsichtigen, sachkundigen, erfahrenen, vaterlandsliebe‍nden, besonnenen Männern behandelt, besprochen, erläutert werden, so bilden sich dadurch eine Menge von Kanälen, in

welchen die Einsicht und Bildung über die Dinge durch das ganze Volk verbreitet werden.

Das Vereinswesen dient ferner dazu, den öffentlichen Geist, die sogenannte öffentliche Meinung zu manifestiren, und zur Kenntniß der Regierung im Ganzen, so wie der einzelnen Regierungs-Organe zu bringen, und eine solche Kenntniß ist in einem freien Staate für die Regierung und ihre Organe unerläßlich. Dieß ist ein weiterer Vortheil des Vereinswesens. Es können aber die Vereine auch die Thätigkeit des Volkes für öffentliche Angelegenheiten, den Gemeingeist fördern, und in heilsame Bewegung bringen und darin erhalten. Das sind auf drei Hauptgesichtspunkte zurückgeführt die wesentlichen Vortheile, welche das Vereinswesen in einem freien Staat hervorbringen kann und soll, und um deren willen die Regierung glaubt, daß das Vereinswesen im Allgemeinen als Recht des Volkes erkannt werden soll.

Die Vereine, wie sie zur politischen Bildung des Volkes dienen können, können eben so auch zur Verführung des Volkes mißbraucht werden. In demselben Grade, als die richtige Einsicht in die Staatsbedürfnisse und deren Befriedigung durch die Vereine verbreitet werden kann, in demselben Grade können alle diese geistigen Elemente vergiftet und zerstört werden. Eine Vernichtung aller sittlichen und rechtlichen Grundanschauung, auf der das Leben des Volkes und der Verfassung des Staates ruht, kann nach und nach durch die Vereine herbeigeführt werden. Es wird dieß dann der Fall sein, wenn die, welche vorzugsweise in den Vereinen sprechen, und darauf Einfluß haben, von verderblichen Grundsätzen ausgehen. Es kann aber auch durch die Vereine und in ihnen eben so die öffentliche Meinung verfälscht werden, wie die Vereine eine Manifestation des öffentlichen Geistes sein können, und diese Gefahr ist um so größer, je jünger das Vereinswesen im Volke ist.

Nicht Jeder, das zeigt die Erfahrung hinlänglich, hat die Befähigung und den moralischen Muth, vor einer größeren Versammlung seine Ueberzeugung frei und offen auszusprechen, namentlich dann, wo die Wahrscheinlichkeit besteht, daß er momentan in der Minorität bleibt. Es gehört ein Grad von Selbstständigkeit dazu, die man auch bei vorgeschrittener politischer Bildung nicht immer sehr verbreitet findet, in öffentlicher Versammlung der Majorität, wie sie sich augenblicklich gebildet hat, entgegen zu treten, Jenen entgegen zu treten, welche eine größere Gewandheit der Rede, Beweglichkeit des Geistes, gewandtere Dialektik haben. So drückt sich oft äußerlich etwas als Ueberzeugung des Vereines aus, was in der That nur die momentan aufgedrungene Meinung einzelner gewandter Führer ist, und es kann der Verein anstatt die wahre Meinung seiner Mitglieder kund zu geben, die Verfälschung der öffentlichen Meinung zur Folge haben. Es kann aber endlich das Vereinswesen, anstatt den Gemeingeist des Volkes für öffentliche Angelegenheiten zu wecken und zu fördern, das gesammte öffentliche Leben, den gesammten Verfassungsorganismus lähmen und nach und nach vernichten, und zwar nicht bloß die Thätigkeit der Regierung lähmen und vernichten, sondern sogar die Thätigkeit des Volkes selbst.

Wenn die Vereine organisirt sind, so wie sie es in andern Ländern, und zum Theil in den letzten Jahren auch bei uns waren, eine Organisation, die man Affiliation nennt, wenn an der Spitze von Vereinen, die durch das ganze Land bis in das kleinste Dorf verbreitet sind, ein leitender Vorstand von wenigen Männern steht, die ihre Befehle erlassen, gerade wie die Regierung, die durch viele Agenten unterstützt eine sofortige Verbreitung und durch die augenblickliche Begeisterung für das Vereinswesen eine unbedingte Befolgung im Lande finden, so entsteht ein Staat im Staate in der Weise, wie dieß Niemand für zuträglich halten kann; dann ist die Regierungsthätigkeit durch diese Gegenwirkung gelähmt, und es entsteht ein Kampf auf Leben und Tod. In einem solchen Falle muß entweder die Regierung dieses Vereinswesen vernichten, mit gesetzlichen oder faktischen Mitteln, oder das Vereinswesen stürzt die Regierung und führt die Revolution herbei.

Ein Drittes ist unmöglich, die Erfahrung beweist es. In politisch aufgeregten Zeiten ist der gesetzliche Gang der Entwickelung nicht mehr zu halten, wenn solche organisirte Klubbs bestehen, die unter einer obersten Leitung vereint und zum Gehorsam verbunden sind. Dann ist eine faktische Regierung neben der bisherigen rechtlichen, und eine muß der andern weichen. Die Wahl seiner Vertreter kann dem Volke durch ein so organisirtes Vereinswesen vollständig aus der Hand genommen werden, und bei scheinbar unbedingtem Wahlrechte die eigentliche Wahl auf Wenige reducirt werden.

Das ist die Kehrseite des Vereinsrechtes, und hiegegen ist eine Sicherung nothwendig.

Wie Niemand auf das Recht der Existenz und das Recht, sie zu erhalten, verzichten kann, so kann es auch die Regierung nicht.

Will man die Freiheit im Staatsleben, so kann sie nur auf dem Boden der Kraft wachsen. Kräftig aber ist der Staat nicht, an dessen Spitze eine lahme Regierung steht; diese muß möglichst große Kraft haben, die jedoch durch die Theilnahme der Vertreter des Volkes so kontrolirt ist, daß sie ihre Macht nicht mißbrauchen kann.

Die aus Revolutionen hervorgegangenen, und, wie man sie gewöhnlich nennt, radicalsten Regierungen, sind nach ihrer Einsetzung mit der größten Strenge und Energie eingeschritten gegen alle Bestrebungen, die ihnen entgegen waren. Jede gesetzliche Gewalt, welche besteht, hat die Pflicht und das Recht, sich zu erhalten, und die Mittel zu dieser Erhaltung in Anwendung zu bringen. Dieses ist der letzte Schlüssel der Stellung jeder Regierung, dem Vereinswesen gegenüber.

Man sagt: „Nur keine Reaction!" Die Regierung reagire. Was sind nun die Gefahren der Reaction, was heißt eine Reaction? Gegenwirkung, weiter nichts. Es ist also ein negatives, inhaltsloses Wort, das seine Bedeutung erst bekommt durch den Gegensatz, in den es gestellt wird. Man muß fragen: Wogegen reagirt man denn? Dann hat es einen Sinn, sich gegen die Reaction zu erklären.

Erst muß ich wissen, von welcher Reaction die Rede ist. Wenn Jemand von einem Fieber befallen ist, und die gesunde Kraft dasselbe überwältigt und es aus dem kranken Körper wirft, so sagt der Arzt: „Das ist eine heilsame Reaction," und wenn Jemand in der Krisis zwischen Leben und Tod liegt, und man nicht weiß, auf welcher Seite der Sieg sein werde, so sagen die Aerzte: „Wenn nur eine Reaction einträte, damit wir wissen, wie wir einzugreifen haben!" Der Staat ist ein Organismus, wie der Mensch. Er kann krank werden und wieder gesund, und so geht im Staate auch eine Reaction vor: Alles seufzt und sehnt sich, den Staat als einen gesunden, kräftigen Körper erhalten zu sehen. Was ist denn die Gerechtigkeitspflege? Sie ist eine Reaction gegen das Verbrechen, und ich habe noch nicht gehört, daß Jemand gegen diese Reaction des Gesetzes reagiren will, als eben der Verbrecher.

An und für sich ist ein religiöser Verein, der sich mit nichts Anderm beschäftigt, als mit den innern Angelegenheiten der Kirche, unserer Ueberzeugung nach kein politischer Verein; aber er kann es jeden Augenblick werden, wenn er sich mit politischen Dingen beschäftigt, wenn er über die innern Angelegenheiten der Kirche hinausgeht, wenn er die Stellung der kirchlichen Organe zum Staate, die Rechte des Staates der Kirche gegenüber, die Verbindung zwischen beiden, die Gesetzgebungsmaßregeln des Staates, die kirchliche Gegenstände berühren, in den Kreis seiner Thätigkeit zieht. Dann wird er politischer Verein.

Es ist das allgemeine Verhältniß von Kirche und Staat wohl auch das maßgebende in Bezug auf die Vereine. An und für sich sind sie zwei von einander unabhängige Gebiete mit selbstständigen, gesonderten Aufgaben, und es darf weder der Staat in das Innere der Kirche eingreifen, noch die Kirche den Staat sich unterwerfen und ihn regieren. Allein diese idealen Zustände, nach welchen Kirche und Staat ganz von einander unabhängige und getrennte Gebiete sind, haben sich bis jetzt in der Welt nicht realisiren lassen, und werden sich auch nicht realisiren lassen, denn sie stehen auf demselben gemeinschaftlichen Boden, ihre Zwecke und Aufgaben berühren sich unendlich vielfach. Es wird also immer und überall, man mag theoretisch denken wie man will, praktisch eine innere Verbindung zwischen Kirche und Staat bestehen. So wird es auch bei den Vereinen sein.

22. Januar.

48. Was nützt es, immer und ewig gegen die Büreaukratie zu Felde zu ziehen; praktischer scheint es mir, Gesetze zu geben, welche die Uebelstände beseitigen, welche man der Büreaukratie zumißt. Warum wünsche ich dieses? Nicht um unsertwillen, sondern um unsres ehrenwerthen Beamtenstandes willen, der sein ganzes Leben dem Dienste des Staates weiht, und der nicht Schuld ist an den Einrichtungen, die man unter dem Namen der Büreaukratie brandmarkt. Diese Einrichtungen sind geschaffen und erhalten worden von den Organen der Gesetzgebung; die Männer, welche früher in ruhigeren Zeiten die Initiative für die Gesetzgebung in den Händen hatten, konnten ja doch, wenn sie es für nöthig hielten, dieser Schlange von Büreaukratie den Kopf zertreten. Jetzt, wo der Staat in seinen innersten Fugen erschüttert ist, jetzt, wo alles zugleich geschehen soll, und es nur die Hauptaufgabe ist, abzuwenden, daß er nicht zusammenstürze, kann man nicht auf einmal thun, was 30 Jahre tiefen Friedens nicht gethan haben.

Unverkennbar ist der Nachtheil, den diese ewigen Demonstrationen gegen die Büreaukratie für den Beamtenstand haben; sie müssen ihn irre werden lassen an dem sittlichen Urtheile der Vertreter des Volks über seinen Werth; sie müssen ihm damit den Muth und die Freudigkeit nehmen für seinen wirklich schweren Beruf.

24. Januar.

49. Wenn wir darauf (Vorwürfe) Rücksicht nehmen wollten, dürften wir überhaupt keine Gesetzesvorschläge machen, und überhaupt keine Regierungshandlungen mehr vor-

nehmen; denn, was zu allen Zeiten galt, gilt in unserer Zeit im höchsten Grade. Nicht bloß nicht Allen kann man es recht machen, sondern jetzt kann man es beinahe Niemanden ganz recht machen. Die Besorgniß vor Vorwürfen also hält uns von keinem Schritte ab. Wir haben uns bisher hergegeben, derlei Vorwürfe auf uns häufen zu lassen, und sind auch für die Zukunft dazu bereit, wenn es uns nur gelingt, den Staat, die sittliche und rechtliche Ordnung in ihm, und dadurch die Zukunft unsres Volkes zu retten.

25. Januar.

50. Gewöhnen sich die Gerichte daran, polizeiliche Erwägungen bei sich eintreten zu lassen, und aus solchen Erwägungen zu handeln, dann ist nach meiner Ueberzeugung das Fundament der richterlichen Unabhängigkeit und die hierin liegende Garantie der bürgerlichen Freiheit gefährdet.

Sobald die Grenze zwischen Administration und Justiz nicht mehr strenge aufrecht erhalten wird, tritt die höchste Gefahr für das Fundament einer jeden constitutionellen Freiheit ein.

Wir verlangen von den Beamten kein politisches Glaubensbekenntniß, so wenig, als ein religiöses. Er mag politisch über die beste Staatsform oder über Verbesserung unserer Staatseinrichtungen denken, wie er will — darnach werden wir ihn nicht fragen. Wir verlangen aber vom Staatsbeamten, daß er in seinen Handlungen, durchweg nicht bloß die Gesetze beobachte, denn diese äußerliche Legalität genügt nicht, sondern wir verlangen, daß er niemals gegen die Regierung auftrete. Wenn er glaubt, zu dieser Passivität nach seinem politischen Gewissen sich nicht entschließen zu können, so wird er als ehrlicher Mann seine Entlassung verlangen. So lange er aber im Dienste des Staates bleibt, von diesem Staate Besoldung zieht, so muß er gehorchen und darf nicht selbst Opposition gegen die Regierung machen. Er kann innerhalb seiner Dienstesbefugnisse seine Meinung geltend machen, wenn er zum Gutachten aufgefordert wird;

er darf es nicht bloß, sondern er ist verpflichtet, seine Meinung frei und offen zu sagen, auch wenn sie der Regierung entgegen ist. Das wird ihm Niemand übel nehmen, daran werden wir seine Pflichttreue und Offenheit erkennen.

Wir sind nicht so thöricht, die wir an der Spitze der Verwaltung stehen, zu glauben, wir allein hätten die richtige Beurtheilung, sondern wir fragen die untersten Stellen um ihre Meinung, und hier werden wir die rückhaltloseste Offenheit sehr gerne sehen; allein Opposition in den Vereinen, in der Presse, im öffentlichen Leben, in Versammlungen, auf der Wirthsbank machen, — das darf kein Beamter; da verletzt er seine Pflicht, und so lange ich an der Spitze der Regierung stehe, werde ich Dem mit allen Mitteln entgegentreten, die mir das Gesetz an die Hand gibt. Eine constitutionelle Regierung, die diesen Grundsatz nicht fest hält, verzichtet auf die Möglichkeit ihrer Existenz. Ohne Vollzugsorgane kann keine Regierung bestehen. Wenn also diese sich zur Opposition gegen die Regierung kehren, und sie läßt sich dieses gefallen, so ist sie gering gesagt lächerlich. Diesen Grundsatz wird auch noch in jedem constitutionellen Staate die Regierung offen bekannt haben; ich wenigstens bekenne es offen, ich werde nicht dulden, daß die Beamten der Regierung gegenüber Opposition machen. Eine Ausnahme gibt es, ein Gebiet, in das ich nicht eingreifen darf. Sobald der Beamte diesen Saal betritt, dann ist er nicht mehr Beamter, sondern Volksvertreter, und was ein Beamter in diesem Saale spricht, das höre ich nur aus dem Munde des Vertreters des Volkes, daran werde ich nicht denken, wenn er mir später als Beamter gegenüber steht.

29. Januar.

51. Die bayerische Regierung hat fortwährend Schritte gethan, um ein Einverständniß sämmtlicher deutscher Regierungen über die nothwendige Neugestaltung der deutschen Verfassung zu erzielen, und hat dabei fortwährend die Bildung einer allgemeinen Volksvertretung im Auge gehabt.

31. Januar.

52. Ich bestreite nicht, daß jedes Mitglied der Kammer das Recht hat, Interpellationen zu stellen. Ich erlaube mir aber, daran zu erinnern, daß die Regierung auch das Recht hat, auf Interpellationen nicht zu antworten, und von diesem Rechte des Nichtantwortens wird die Regierung manchmal Gebrauch machen, wenn man sie nicht um Thatsachen, sondern um Meinungen interpellirt, und wenn man durch eine Interpellation auf Gegenstände zurückkommt, die in einer mehrtägigen Debatte schon berathen sind.

4. Februar.

53. Wenn der Hausvater Zucht und Ordnung hält über die heranwachsende Jugend und über das untergebene Gesinde; wenn der Gewerbsmeister nach der Natur der Dinge und nach unserer Gesetzgebung die ihm zukommende Aufsicht über die Lehrjungen gewissermaßen auch über die Gesellen ausübt, und mit dem Beispiele gesetzlicher Haltung, gesetzlicher Gesinnung und sittlicher Tüchtigkeit vorangeht; wenn man darauf verzichtet, sich am Scandal zu erfreuen und denselben als Gegenstand der Unterhaltung zu behandeln; wenn man darauf verzichtet, dem angehenden Tumulte als einem interessanten Schauspiele beizuwohnen, die Massen zu vermehren und den Tumultuanten Muth zu geben, weil sie die Massen hinter sich zu haben glauben; wenn man darauf verzichtet, die dagegen zu ergreifenden Maßregeln zu erschweren, und wenn man sich ferne hält, um diejenigen, welche die Ruhestörung veranlassen, recht klar hervortreten zu lassen, um sie der gerichtlichen Einschreitung auszusetzen: wenn das Alles ineinandergreift, so wird ein Tumult vermieden werden können, ohne ortspolizeiliche Bestimmungen anderer Art, als wir sie haben, und ohne eine besondere Thätigkeit der Volkswehr; die sittliche Haltung der Bevölkerung wird Tumulte nicht entstehen lassen und ihre Unterdrückung erleichtern.

54. Theoretisch ist es richtig, man solle keine par=

tielle Gesetzgebung machen, praktisch aber wird man, namentlich bei der Organisation unserer gesetzgebenden Gewalten, niemals zu etwas Anderem kommen, als zu einer partiellen Gesetzgebung.

55. Es ist gewiß besser, eine Hilfe zu gewähren für Tausende von wahrscheinlichen Fällen, als sie zu versagen wegen eines einzigen unwahrscheinlichen und sehr selten eintretenden Falles.

14. Februar.

56. Darüber herrscht wohl keine Verschiedenheit der Meinungen, daß die Preßfreiheit ein großes Gut ist, und wer wäre in unserer Zeit nicht bereit, dieß zu vertheidigen! Eben so leicht ist aber auch, über den Mißbrauch der Presse und über die Gefahr, welche sie andern eben so hohen und heiligen Gütern der Menschen bereiten kann, mit gleicher Wärme zu sprechen.

Ich glaube, man muß die Preßfreiheit in dem Sinne fassen, daß darunter der Zustand verstanden wird, in welchem kein an und für sich zurechnungsfähiger Mann gehindert ist, sich der Presse zur Einwirkung auf die geistige Thätigkeit seines Volkes zu bedienen, nicht gehindert durch Präventivmaßregeln des Staates, die ihm sagen: das darfst du schreiben, und das darfst du nicht schreiben. Dagegen verträgt sich mit diesem meinem Begriffe der Preßfreiheit sehr wohl jede Einrichtung, durch welche der Staat ausspricht, daß der Schreiber, der sich der Presse bedient, und wer sonst mit Verbreitung des Geschriebenen in Berührung tritt, verantwortlich ist für den Inhalt des Geschriebenen, und wodurch der Staat diese Verantwortlichkeit nicht bloß auf dem Papier ausspricht, sondern sie zur Wahrheit macht. Solche Einrichtungen, die diese Verantwortlichkeit aussprechen und deren Durchführung sichern, sind meiner Ueberzeugung nach kein Gegensatz zur Preßfreiheit, sondern ihre Vollendung, ihre wahre Garantie und Sicherstellung.

Man mag ein Gesetz, welches einzelne Artikel hat,

noch so vorsichtig abfassen, man mag die Erfahrung der Gegenwart und die juristisch-politische Phantasie für die Zukunft in Anwendung bringen, es wird nie gelingen, alle Fälle in das Gesetz zu bringen, in denen das sittliche oder rechtliche Gefühl verletzt wird; der nächste Tag kann Fälle zum Vorschein bringen, an welche der gestrige Gesetzgeber nicht dachte.

Es sind zwei verschiedene Fragen für den Gesetzgeber, was an und für sich gut sei, und was unter den gegebenen Verhältnissen gut sei. Will man den praktischen Weg einschlagen, so muß man immer die zweite als überwiegend betrachten. Bei Gesetzen genügt es nicht, daß sie auf dem Papier stehen; das Wesentliche ist, daß sie in's Leben eingeführt, daß sie in Vollzug gesetzt werden, und hiefür ist die Voraussetzung, daß sie getragen werden von der Ueberzeugung und der Zustimmung der Mehrheit des Volkes. Ein Gesetz, dem dieses fehlt, wird immer nur auf dem Papiere stehen bleiben. Daher muß der praktische Gesetzgeber immer in's Auge fassen: „Wie wird der Gegenstand, über den das Gesetz erlassen wird, jetzt von der Mehrheit des Volkes aufgefaßt, beurtheilt, und welche Ueberzeugung besteht?"

Es handelt sich gegenwärtig nicht etwa bloß um Verfassungsnormen, nicht um einen Streit zwischen Monarchie und Republik; nicht die absolute oder constitutionelle Monarchie ist es, um die es sich bei der Gesetzgebung über die Presse handelt, ja nicht einmal die Existenz oder Nichtexistenz der Demokratie ist es, sondern nach unserer festen Ueberzeugung die Existenz einer geordneten menschlichen Gesellschaft überhaupt.

Das, was in Frage gestellt wird, und was durch eine sittlich ernste Preßgesetzgebung geschützt werden muß, sind diese letzten und ewigen Grundlagen aller staatlichen Ordnung, denn an die hat man bereits die Axt gelegt, um sie zu fällen; und wenn ohne alle Repression die Presse Decennien in der Welt fortwirken kann und darf, namentlich auf die untersten hierin einer richtigen Einsicht nicht bloß jetzt, sondern in alle Zukunft entbehrenden Klassen, dann tritt

4*

allerdings die Gefahr des Zusammensturzes nicht bloß der Monarchie oder Aristokratie, sondern aller Bildung und der darauf begründeten gesellschaftlichen Zustände ein.

20. Februar.

57. Die eigentliche wahre Freiheit. der Wissenschaft, und die siegende Kraft der Wahrheit, auf der sie ruhen muß, wird kein Gesetz hemmen; aber es darf das Gesetz selbst keine Sätze aussprechen, welche eine Straflosigkeit in sich tragen könnten, welche zu gewähren weder begründet ist, noch von der Wissenschaft selbst im Gefühle ihrer Würde gefordert werden kann.

22. Februar.

58. Das „Nichtschuldig" der Geschwornen heißt nur: „es sind nicht alle Momente bewiesen, die zur Schuld nothwendig sind," und in dem Nichtschuldig der Geschwornen sind alle Fälle begriffen, in welchen nach dem bisherigen Strafverfahren Instanzentlassung stattfand, wo zwar hinreichender Verdacht da ist, Jemand in Untersuchung zu nehmen, aber nicht hinreichender Beweis, um ihn für schuldig zu erachten und zu verurtheilen; wenigstens werden sehr viele Fälle der Art unter diesem Nichtschuldig der Geschwornen enthalten sein.

27. Februar.

59. Die altbayerischen Provinzen genießen die politische Ehre und den Vorzug, den geschichtlichen, und für die jetzige Zeit zum politischen gewordenen, daß sie der Kern sind, um den das Land sich angesetzt und gebildet hat; sie sind der Ausgangspunkt des jetzigen Staates; in diesem Sinne kann man sie das Herz von Bayern nennen; sie sind es durch die in allen Ständen bewährte feste, mannhafte, deutsche, patriotische, bayerische Gesinnung; sie sind es durch ihre bewährte Anhänglichkeit an Alles, was den Staat gegründet und erhalten hat; aber sie müssen darum auch, und ihre Vertreter müssen es gestatten, daß die Regierung sie

daran erinnere, daß das Herz dem Körper nicht dient, wenn es mit den andern Gliedmaßen in Widerspruch steht, und der Werth und die Bedeutung eines solchen Kernlandes wesentlich auch durch den Umfang bedingt ist, für den es den Mittelpunkt bildet. Marktet man an diesem, so sinkt die Bedeutung des politischen Mittelpunktes ebenfalls. Je größer der Kreis des Centrums ist, desto wichtiger ist das Centrum.

Wir sind nicht der Meinung, daß wir allein von Gott berufen seien, in allen Dingen das Richtige zu finden, um nie zu irren; aber der Ueberzeugung sind wir, daß zu allen Zeiten, und namentlich in der unsrigen, mit Extremen nichts gethan ist. Niemand mehr als wir sind Gegner einer Vermittlung zwischen Ja und Nein, einer Vermittlung zwischen Wahrheit und Unwahrheit, und ich glaube, wir können mit Beruhigung behaupten, daß in den Fällen, wo es nöthig war, wir dieses bewiesen haben. Es sind an die gegenwärtige Verwaltung politische Fragen gestellt worden, wo man herzhaft mit Ja oder Nein antworten mußte; wir haben, glaube ich, nicht gezögert, es zu thun.

In diesem Sinne genommen, verwerfen wir also ein System des inhaltslosen Juste milieu auch; etwas ganz Anderes ist es aber, bei dem Gange der Verwaltung und bei der allgemeinen politischen Richtung ein System der Ruhe, der Besonnenheit und der Mäßigung zu proklamiren, und so viel als möglich festzuhalten. Dieses halten wir nicht bloß für nicht tadelnswerth, sondern für nothwendig und für den Beruf einer jeden Regierung. In diesem sind Extreme unhaltbar. In diesem Sinne lassen wir uns also den Vorwurf des Juste milieu wohl gefallen, und bekennen uns zu einem solchen Systeme, wenn man darunter ein System einer ruhigen, besonnenen Vorsicht, der Erwägung nach allen Seiten hin versteht. Wir haben aber auch die feste Ueberzeugung, daß wir mit diesem Systeme die brave und in Treue feste Bevölkerung der altbayerischen Provinzen nicht gegen uns aufregen werden.

Ich glaube es den Bewohnern dieser Provinzen schul=

dig zu sein, dieses Vertrauen zu ihnen auszusprechen. Sie werden nicht eine Revolution machen, wenn die Regierung auch Maßregeln ergreift, mit denen sie im Augenblicke nicht einverstanden sind; sie werden billige Rechnung tragen dem Gedanken, daß die Regierung nicht bloß Regierung einer einzelnen Provinz, sondern des ganzen Landes ist. Das altbayerische Volk, und darin besteht eben sein großes Verdienst und sein sittlicher Werth, hat noch nicht verlernt, die Nothwendigkeit anzuerkennen, daß eine Regierung über dem Volke stehe, und daß man, wenn man auch im Augenblicke mit den Maßregeln derselben nicht einverstanden ist, deßhalb nicht Revolution machen müsse, wenn man nicht sein eigenes Wohl auf's Spiel setzen will. Sollte es übrigens dahin kommen, daß die gegenwärtige Verwaltung wegen des Juste milieu von einer oder mehreren Provinzen, oder der Mehrheit des Volkes nicht mehr getragen würde, so wird sie mit dem ruhigen Bewußtsein, nach Pflicht das Beste angestrebt zu haben, abtreten, und wird erwarten, welche anderen Heilmittel bereit gehalten werden. Gelingt es solchen Gegnern des Juste milieu, die Wohlfahrt des Landes und seine Zukunft besser zu wahren, als die gegenwärtige Verwaltung, so werden wir die Ersten sein, die ihren Dank dafür darbringen.

7. März.

60. Wenn die Gesetzgebungs-Faktoren zugleich den Vollzug der Gesetzgebung in Händen haben, so ist, sei es in der Monarchie oder in der Republik, eine wahre Regierung, welche ihrer Aufgabe genügen kann, nicht mehr möglich. Aber es geht daraus nach dem Zeugnisse der Geschichte noch ein anderer Uebelstand hervor. Es führt dieses in allen Fällen in kürzerer oder in längerer Zeit zur Vernichtung der öffentlichen Freiheit, zum Absolutismus. Ich kenne in der Geschichte kein Beispiel der Vermischung dieser Gewalten, wo nicht das Ende der Absolutismus gewesen wäre.

Es ist ganz unmöglich, irgend etwas zu reden oder zu schreiben, was nicht irgend Jemanden unklar vorkommt. Man muß nur die zwei Richtungen in der Beurtheilung dessen, was klar und unklar ist, unterscheiden, nämlich die des Sprechenden und des Hörenden. Was mir, indem ich spreche, vollkommen klar ist, kommt einem Andern, der es hört, nicht klar vor, und er fragt mich über den Sinn, wie ich es gemeint habe; und das wird nicht vermieden werden, wenn Sie die Besten und Weisesten des Volkes Jahrelang zusammentreten und über die Fassung der Gesetze debattiren lassen.

Man sucht Garantieen gegen den Mißbrauch, den die Regierung bei dem Vollzug der Gesetze sich zu Schulden kommen ließe. In gewissem Grade liegt allen Verfassungsgesetzen, und namentlich denen des constitutionellen Systems, das Princip des Mißtrauens zum Grunde. Aber ich möchte daran erinnern, daß die wesentliche Garantie für eine gesetzmäßige Verwaltung in der Ehrenhaftigkeit der Verwaltungsbeamten liegt, und wenn diese fehlt, alle Garantieen, die die gesetzgebende Gewalt aufstellt, nichts fruchten.

Der allgemeine Gang des öffentlichen Lebens muß eine solche Richtung nehmen, daß nur ehrenhafte Männer in der Verwaltung sich halten können; die öffentliche Meinung, die Stellung der gesetzgebenden Organe, welche zugleich die Vertreter des Volkes sind, den höchsten Verwaltungsbeamten gegenüber, muß es unmöglich machen, in ehrenwidriger Weise das Gesetz zur Anwendung zu bringen.

Gesetze und Einrichtungen zu schaffen in negativer Weise ist sehr leicht, und ist in aufgeregten oder begeisterten Zeiten sehr dankbar, — die unerläßlichen Grundlagen der Ordnung, die darum nothwendig nach vielen Seiten Schranken setzen und einen Zwang enthalten, zu geben, gegenüber einer begeisterten Richtung, die sie nicht für nothwendig hielt, ist eine schwierige und in der Regel undankbare Arbeit; wer zu ihr berufen ist, lasse sich aber dadurch nicht abhalten, dieser Aufgabe zu genügen; denn eben die Geschichte, wenn auch nach etwas längerer Zeit, wird ihn richten und den Dank ihm nachbringen, welchen theilweise die Gegenwart nicht gewähren zu können glaubt.

22. März.

61. Ich möchte meinen, es müßte dem Lande und auch den Kammern daran gelegen sein, daß die Organe der Regierung offen und klar sprechen, und ich glaube, daß dadurch weder die Grundidee des Repräsentativsystems, noch die constitutionellen Principien und die Stellung der drei Gesetzgebungsfaktoren zu einander alterirt werden. Offenheit und Ehrlichkeit kann zu keiner Zeit schaden, und ist mit allen Systemen verträglich; ich glaube, das Gegentheil ist das Gift, das alle Systeme ruinirt.

16. April.

62. Darüber wird jeder Sachkundige einverstanden sein, daß mit dem besten Willen, mit der genauesten Rechtskenntniß und mit der sorgfältigsten Prüfung des einzelnen Falles es nicht möglich ist, im Voraus zu bestimmen, wer im Prozesse Recht behalten wird, und wer nicht. Das liegt in der Natur der menschlichen Verhältnisse, und wird so lange bestehen, als es Rechtsstreite gibt.

20. April.

63. Es bleibt meine Ueberzeugung eben so wahr, daß die wahre Politik ihre Berechnungen nicht auf 8 Tage und 4 Wochen, sondern auf eine weitere Zukunft macht, und daß die Beurtheilung politischer Systeme wesentlich Rücksicht nehmen muß auf den Enderfolg, den sie herbeiführt.

64. Es ist wiederholt schon darauf hingewiesen worden, daß alle Gesetzgebung eigentlich auf Mißtrauen ruht. Ich selbst habe die Wahrheit dieses Satzes wiederholt anerkannt, und ich glaube daher berechtigt zu sein, auszusprechen, daß dieser Gedanke nicht bloß der Regierung gegenüber, sondern allen Faktoren des öffentlichen Lebens und der Gesetzgebung gegenüber in gleicher Weise richtig ist. Nicht bloß die Regierung kann von dem Rechte Mißbrauch machen, welches ihr die Verfassung einräumt, sondern die übrigen

Faktoren der Gesetzgebung und politischen Thätigkeit können
es möglicher Weise eben so. Es ist also, wenn wir bei der
Gesetzgebung hierauf Rücksicht nehmen, in keiner andern
Weise ein unbegründetes Mißtrauen vorhanden, als wenn
man nach einer andern Seite hin eine Sicherung versucht.

65. Europa kämpft unverkennbar einen entscheidenden
Kampf für seine Civilisation gegen eine Revolution, die
uns mit Barbarei bedroht, nicht als ob sie die Barbarei
wollte, deren Principien aber, wenn sie zur Herrschaft kom=
men, zur Barbarei führen müssen, weil die sittlichen Ge=
setze der Natur sich nicht ungestraft verletzen lassen. Die
Armee dieser revolutionären Bewegung scheide ich in die
willenlose Masse und in die Führer. Von der ersten ist hier
nicht zu handeln. Die Führer dieser Revolution aber zer=
fallen in zwei Klassen. Die eine besteht aus Männern, die,
gleichviel aus welchen psychischen Gründen, das, was sie er=
streben, für die Aufgabe des menschlichen Geschlechtes, und
wirklich für das Heil und die Rettung desselben halten, die
mit männlichem Muthe ihr Visir öffnen, und bereit sind, Gut
und Blut einzusetzen.

Diese Führer der Revolution kann man beklagen, um
ihres Irrthums willen; man wird sie aber nicht verachten
können. Sie sind die weniger Gefährlichen; denn das, was
sie wollen, in seiner Schärfe und Nacktheit ausgesprochen,
muß das sittliche Gefühl des Volkes, es muß die ruhige Be=
sonnenheit aufmerksam machen, worum es sich handelt, und
sie werden den Sieg nicht erringen.

Es besteht aber eine zweite Klasse von Führern der
Revolution. Die handelt anders. Diese haben nicht den
Muth, dasjenige, was sie erstreben, offen zu gestehen, son=
dern sie fügen zu ihren übrigen Eigenschaften die überwie=
gende und hervorragende der unmännlichen Feigheit hinzu.
Sie führen das Gesetz und die Gesetzesbeobachtung im Munde,
und tragen die tiefste Gesetzesverachtung im Herzen; ihnen
ist das Gesetz der Schild, den sie vorhalten, um unverletz=
lich hinter demselben alle Fundamente des Staates, der sitt=

lichen und rechtlichen Ordnung unterwühlen und untergraben zu können; sie wissen sich immer schlau so zu halten, daß, wenn die revolutionäre Bewegung gelingt, sie sagen können: „Wir haben sie befördert, wir sind ihre Helden gewesen", und wenn sie mißlingt, noch den Rückzug finden und sagen können: „Das haben wir nicht gewollt, das war unsere Absicht nicht." Sie sind Theilnehmer des Sieges, wenn er erfochten wurde, und wollen durch das Gesetz straflos bleiben, wenn die Revolution unterdrückt wird. Dieses sind die eigentlich gefährlichen Gegner, und diesen Schlangen müssen wir den Kopf zertreten, wenn wir die uns anvertraute sittliche Ordnung retten wollen.

66. Ueber eine reine Rechtsfrage wird man immer dieselbe Ansicht haben; aber über eine politische Frage kann man ohne Inconsequenz verschieden urtheilen zu verschiedenen Zeiten.

6. Mai.

67. Die deutsche Verfassungsfrage muß eine deutsche Angelegenheit bleiben, und so viel an der bayerischen Regierung gelegen ist, soll Niemand sonst darein reden. Daß wir dabei die Verträge nicht brechen dürfen, die wir dem Auslande gegenüber eingegangen haben, versteht sich von selbst, und es wird deßhalb bei dieser Frage nothwendig sein, zu unterscheiden, was unsere innern und was unsere äußern Angelegenheiten sind. In unsere innern Angelegenheiten soll mit unserm Willen keine fremde Macht reden, und so weit ich Kenntniß davon habe, ist von der bayerischen Regierung kein Schritt geschehen, der nur entfernt hätte hiezu Veranlassung geben können, und von mir und meinen Collegen wird niemals ein solcher Schritt ausgehen, der die Einmischung des Auslandes auf unsere deutschen Angelegenheiten nur im Entferntesten berührt, und ich bin auch überzeugt, daß jede Verwaltung, welche an unsere Stelle treten wird, von derselben Ansicht ausgehen wird; denn das betrachte ich als eine feste Errungenschaft der Vor=

jahre, neben vielen in der Luft gebauten, daß wir alle, mögen wir auch im Norden oder im Süden wohnen, entschlossen sind, Deutsche zu bleiben.

10. Mai.

68. Die Regierungsorgane wechseln; die Rücksicht auf sie ist bei großen politischen Fragen die untergeordnete; auf sie kommt es in solchen Momenten nicht an. Es ist vielmehr der Staat, der Begriff der Regierung, als Ausdruck des Volkes und des Staates, um die es sich handelt. Die Niederlage, welche man der augenblicklichen Verwaltung beibringt, bleibt nicht auf dieser sitzen, sondern die Wunde wird das Land, das Volk zu tragen haben, gleichviel, welche Regierungsorgane man wählen wird.

69. Die bayerische Regierung hat vom Anfang der deutschen Bewegung an, ihre Bereitwilligkeit kund gegeben, zur größeren Einigung des Vaterlandes Opfer zu bringen, und sie hat diese Absicht auch niemals aufgegeben; aber sie war zu jeder Zeit entschlossen und ist es auch jetzt noch, diese Opfer nur zu bringen für Deutschland, und nicht für irgend eine Partei, die sich einbildet, Deutschland zu repräsentiren, und nicht für irgend ein Land, das sich da berufen glaubt, sich an die Stelle von Deutschland zu setzen. Wenn die Frage so gestellt wird, dann glaubt die Regierung vor allem im Gefühle, daß sie Bayerns Regierung ist, und Bayerns Volk vertritt, die Pflicht zu haben, die Stellung, die dem bayerischen Volke gebührt, bei der weiteren Entwickelung der deutschen Angelegenheiten zu behaupten und nicht aufzugeben, dann betrachtet sie ein Aufopfern dieser Stellung als eine Pflichtverletzung. Wenn sich die Dinge so gestellt haben, glaubt sie erst recht und tüchtig bayerisch sein zu müssen, und sie glaubt eben dadurch in demselben Grade dann deutsch zu sein.

70. Wenn wir aber den Blick von den innern deutschen Verhältnissen ab nach Außen wenden, so kann die

Meinung freilich sehr verschieden sein, ob Gefahr droht oder nicht. Die Regierung ist der Ansicht, daß wir nicht ohne Gefahr großer Zerwürfnisse auf die allgemeine politische Lage Europa's hinblicken können. Wir maßen uns nicht an, zu behaupten: das wird geschehen; es wird Krieg geben, er wird in der oder jener Zeit ausbrechen; aber die Ueberzeugung schöpfen wir aus der ruhigen Betrachtung der europäischen Lage, daß die Gefahr eines großen Zusammenstoßes näher liegt, als jemals seit dreißig Jahren, und woher auch der Ausbruch kommen mag, so halten wir es auch in dieser Richtung für die Pflicht der bayerischen Regierung, dasjenige Gewicht nicht aus der Hand zu geben, welches dann Bayern in die Wagschale legen kann. Unter keinem Verhältnisse wird es das Gewicht einer Großmacht sein. Das braucht man uns nicht erst zu sagen. Aber dazu ist Bayern groß genug, das hat die Vergangenheit bewiesen, und damit es die Zukunft beweise, haben wir diesen Standpunkt eingenommen, daß es ein geachteter Bundesgenosse sei, und daß es auf der Seite, auf die es tritt, eine geachtete Stimme führen könne. Damit es dieß sein könne in dem Kampfe, der ausbricht, muß es nicht über seine Verhältnisse, aber seinen Verhältnissen gemäß gerüstet sein, denn die Wehrlosen achtet Niemand, weder der Freund noch der Feind.

71. Daß die Kammern nicht berufen sind, die Idee des Ministeriums zu vertreten, sondern das Wohl des Landes, das ist richtig, damit sind wir einverstanden; aber wir glauben, das Wohl des Landes fordert, zu zeigen, daß Bayerns Volk sich nicht ausstreichen lassen will bei der Entscheidung der politischen Fragen, die vorliegen; wir glauben eben dadurch für das Wohl des Volkes und des Landes zu sorgen, daß wir uns rüsten, die Selbstständigkeit zu behaupten, die ihm gebührt, nicht im Interesse des Partikularismus, sondern im Interesse der gesammten deutschen Nation, deren Zerreißung droht, und die zusammenzuhalten gerade wir mehr, als die andern deutschen Stämme, durch die geographische Lage berufen sind.

72. Es gibt Augenblicke im Staatsleben, wo selbst die Frage der momentanen Existenz dieser oder jener Verwaltung untergeordneter Natur ist, wo man davon absehen muß, und wo man der Regierung, eben weil sie Regierung ist, gewisse Mittel in die Hände geben muß und wird. Das ist dann der Fall, wenn es sich um solche Bedürfnisse des Landes fragt, die bei jedem Standpunkte nöthig sind.

11. Mai.

73. So weit die Geschichte uns Kunde gibt von dem Erfolge der ständischen Wirksamkeit, ist diese Richtung im ständischen Leben: die Bewilligung der für den Staatshaushalt nöthigen Gelder an Forderungen, Konzessionen, einer Umgestaltung des Staatslebens zu knüpfen, ist dieser Standpunkt der ständischen Wirksamkeit allemal der Wendepunkt gewesen, von welchem aus die Bedeutung der ständischen Vertretung, der Umfang ihrer Rechte und die Möglichkeit, sie vollständig auszuüben, gescheitert ist. Die Geschichte läßt mir wenigstens darüber keinen Zweifel; denn das erste Bedürfniß eines jeden Volkes ist regelmäßig verwaltet zu werden, oder, wie man sich oft ausgedrückt hat, zu leben, und wenn in dieses Bedürfniß — gleichviel, von welcher Seite, störend eingegriffen wird, so kehrt sich naturgemäß die innere Kraft des Volkslebens gegen die Seite, von welcher die Störungen kommen.

74. Man wird niemals ein wehrhaftes Volk erziehen außer aus einem wehrhaften Heere. Wenn die jungen Männer durch die Schule des Heeres gegangen sind, dann erst werden sie als für die Zukunft wehrhafte Männer an ihren Herd zurückkehren; auch das beweist die Erfahrung. In Deutschland — das ist anerkannt — ist das wehrhafteste Volk das preußische; aber es ist das nur deßhalb, weil fast alle Mitglieder desselben mit wenigen Ausnahmen, überhaupt alle diensttauglichen Männer des preußischen Volkes, durch die Schule des Heeres gegangen sind.

15. Mai.

75. Alle Principien, wenn man sie zu scharf und ohne Berücksichtigung der gegebenen Verhältnisse durchführen will, können nachtheilig wirken.

76. Die Eisenbahnen müssen, das ist die Ueberzeugung der gegenwärtigen Verwaltung, als industrielle Unternehmungen, nicht als Kunstanstalten, aufgefaßt werden; sie müssen so ausgeführt werden, auch wenn der Staat sie ausführt, wie Privatgesellschaften sie ausführen würden, die dabei vorzüglich das pekuniäre Interesse in's Auge zu fassen haben. Ich will damit nicht in Abrede stellen, daß der Staat die Aufgabe hat, auch die Interessen der Kunst, als solche, und die ästhetischen Rücksichten zu würdigen. Aber das kann er nur unter Verhältnissen, wo er finanziell nicht gehemmt ist. Wenn dagegen die öffentliche Lage der Dinge eine solche ist, daß sie die finanziellen Kräfte des Staates nach allen Seiten hin auf das Aeußerste anspannt, dann wird bei Eisenbahnbauten die Kunstrücksicht zurücktreten müssen.

11. Juni.

77. Konservativ nenne ich nur das Festhalten am bestehenden Rechte, gleichviel ob an den Theilen, die unverändert erhalten werden sollen, oder an denen, die man der Verbesserung bedürftig erkennt. Auch in dieser letzten Richtung muß man von dem bestehenden Rechte und seiner Anerkennung ausgehen, und aus ihm heraus die Veränderung und Verbesserung erstreben. Das ist die Reform im conservativen Geiste; wer dieses nicht thut, ist ein Revolutionär, das Ziel, was er erstrebt, mag sein, welches es will. Die Verlängerung des Bestehenden, ehe man etwas Anderes an seine Stelle gesetzt hat, ist der Charakter der Revolution, und das ist noch dazu die inhaltslose Revolution; denn es gibt eine solche, die, was sie an die Stelle des Bestehenden setzen will, wenigstens bereits fertig in der Tasche hat, und den entschiedenen Willen und den Muth hat, es durchzu=

setzen. Das ist die Revolution mit einem Inhalt. Wenn man dagegen sagt, das Bestehende gilt nicht mehr, ohne etwas Anderes an dessen Stelle fertig zu haben, und ohne Muth, es auch mit Gewalt an die Stelle zu setzen, dann ist es eine inhaltslose Revolution, und das ist die schlimmste von allen.

78. Bei schwierigen Aufgaben muß man zuerst den allgemeinen Gesichtspunkt feststellen, muß man das Werk, das werden soll, in großen Umrissen zeichnen, und wenn man darüber einig ist, kann man das Einzelne ausführen, während, wenn man Beides zugleich thun will, die Verständigung erschwert wird.

79. Wenn die deutsche Nation eine Zukunft haben soll, und wenn sie, wie so oft hervorgehoben wird, ein politisches Gewicht in Europa einnehmen und ausüben soll, was, ich erkenne es an, bisher von ihr nicht in dem Maße geschehen ist, als es sein sollte und wie es ihrer Geisteskraft und Würde entspricht, so ist das nur möglich im entschiedensten Zusammenhalten mit Oesterreich, und ich betrachte es als die erste und oberste Bedingung in allen Verfassungsfragen, der alle anderen Rücksichten untergeordnet werden müssen. Die Form dieses Zusammenhaltens scheint mir ein Vergleich zum Zusammenhalte selbst untergeordneter Natur. Findet sich nun eine Form, welche die Kraft Deutschlands und ganz Oesterreichs für politische Zwecke vereinigt, so daß sie nach einem Impulse, nach einem Gedanken, nach einem Ziele arbeiten können, so ist alles Andere gleichgültig; aber nur wenn man diese Form findet, ist es möglich, das Germanenthum in Europa zu retten. Der Tag, an welchem sich Oesterreich und Deutschland scheiden, ist nur mit den Worten zu bezeichnen: Finis Germaniae. *)

80. Ich glaube nicht, daß die Vorsehung der deutschen Nation bereits ihr Ende vorgesteckt hat. Ich glaube

---

*) Deutschlands Ende.

auch noch an eine Zukunft, und an eine größere und bedeutendere Zukunft der deutschen Nation, als sie bisher genossen hat. Wenn das deutsche Volk eine Zukunft haben will, so muß es vorerst sittlich gereinigt werden; es muß entsagen jener Herrschaft des individuellen Hochmuthes, welcher die eigentliche Quelle unseres Elendes ist; es muß zurückkehren zur Anerkennung einer Autorität über sich, vor allem jener ewigen Autorität, die über allen Nationen ist. Zu Gott müssen wir zurückkehren, von dem wir uns frevelhaft abgekehrt haben, den wir entbehrlich glaubten, und an dessen Stelle wir unsere eigene geringe Vernunft setzen zu können glaubten. Diese Selbstvergötterung des Menschen muß ein Ende nehmen in Deutschland, sonst ist das Ende unserer Geschichte gekommen. Aus dieser Anerkennung der göttlichen Autorität über der Welt wird von selbst folgen die Anerkennung der weltlichen und menschlichen Autorität der Staaten, denn jene ist das ewige Fundament dieser. Wer Gott nicht fürchtet, wird keine menschliche Obrigkeit fürchten; wer aber lebt in der Furcht des Herrn, wird wissen und fühlen, daß auch auf Erden ein Herr sein muß und gehorcht werden muß, da wir nicht alle regieren können, sondern berufen sind zu dienen dem großen Ganzen, von dem Jeder von uns nur ein kleines unbedeutendes Glied ist. So lange einzelne mehr oder minder begabte Männer sich anmaßen, den Gang der Geschichte vorzeichnen zu können, mit Eigensinn darauf beharren, daß ihre Doctrin die alleinseligmachende sei, und wenn das große Ganze dieser Doctrin sich nicht augenblicklich fügt, in die Alarmtrompete stoßen und in einer oder der andern Form den Umsturz predigen, so lange ist kein Heil für ein Volk und auch keine Zukunft. Wir bedürfen, daß Jeder sich wieder bescheide, daß er ein kleines unbedeutendes Theilchen des Ganzen ist, und die Autorität der Geschichte, d. i. der ewigen Lenkung der Menschheit durch Gott, über sich anerkennt.

81. „Nicht die Absicht entscheidet, sondern der Erfolg!" Dem kann ich nun und nimmermehr zustimmen;

denn dieser Gedanke hebt allen Unterschied zwischen Gutem und Bösem, zwischen Recht und Unrecht, zwischen Tugend und Verbrechen auf. Die Absicht entscheidet, aus der eine That hervorgegangen ist, der Erfolg nicht.

19. Juni.

82. Wir sind gern bereit, Interpellationen zu beantworten, wo es sich um Aufklärung von Thatsachen handelt; wenn aber Fragen angeregt werden wollen, von denen zuletzt die Gültigkeit von Gesetzen abhängig sein würde, so würde die Staatsregierung ihrer Ueberzeugung nach, ihre Pflicht, die Verfassung zu erhalten und zu wahren, verletzen, wenn sie auf eine einfache Interpellation hin in weitere Erörterung eingehen wollte. Wir werden das in keinem Falle thun.

12. Juli.

83. Der Staatshaushalt muß vorerst seine Bedürfnisse kennen und feststellen, und dann hat er die Einnahmen, die Deckung für diese Bedürfnisse aufzusuchen. Allerdings besteht die Schranke, daß man nicht das Unmögliche leisten kann; das liegt aber schon in dem Ersten; denn das Unmögliche ist nicht ein Bedürfniß des Staates. Dann wäre er am Ende seiner Existenz, wenn es sich um die Leistung des Unmöglichen handelte. Es ist daher nicht eine sonderbare Bestimmung der Verfassung, sondern nur der Ausdruck des Naturnothwendigen, daß jede Budgetberathung mit den Ausgaben beginnt. Dieß ist der durchgreifende Unterschied zwischen der Privat= und Staatswirthschaft, in der Theorie längst anerkannt, in der Praxis von jeher geübt.

84. Was die Wähler zu den Abgeordneten sagen können und dürfen, ist nur dieses: „Handelt als Männer nach Eurer Ueberzeugung, darum haben wir euch gesendet."

85. Nicht deßhalb sind die Abgeordneten des Volkes versammelt, daß sie das thun, was im Augenblicke dem

Volke angenehm ist; denn dann sind sie nicht seine Vertreter, sondern seine Schmeichler. Man hat früher den Fürsten geschmeichelt, und hat sie damit verdorben, theilweise wenigstens. Dann ist eine Zeit gekommen, wo man dem Volke geschmeichelt hat, und es wurde in viel kürzerer Zeit weit mehr verdorben, als bei den Fürsten jemals dieß der Fall war. Gegen den Nachtheil, welchen die Fürstenschmeichler herbeigeführt haben, gibt es jetzt namentlich in unserer Zeit sehr rasch durchgreifende Mittel. Gegen den Fluch der Volksschmeichelei ist die Hülfe viel schwerer, und sie ist namentlich nur durch etwas zu gewähren, was in unsern Zeiten nicht zu häufig ist, durch männlichen Muth, der sich über die augenblickliche Stimmung des Tages, die sich für die wahre Ueberzeugung und Meinung des Volkes ausgibt, hinaussetzt. Nur wer auf diesem Standpunkt steht, der kann mit Erfolg an der Geschichte seines Volkes mitarbeiten, und wer in diesem Geiste daran mitarbeitet, den wird die Geschichte seines Volkes, wenn auch später, anerkennen, der wird dann auch über Alles, was er gethan hat, vollkommen beruhigt sein. Ich glaube daher, wer nur sonst nach Lage der Sache die Ueberzeugung hat, daß diese Ausgaben nothwendig sind, der kann auch ruhig für Erhöhung der Einnahmen stimmen, die sich daraus als nothwendig ergeben.

86. Ich verkenne den Standpunkt nicht, daß man die innere Ueberzeugung dafür hat, diese Ausgaben seien nicht nöthig, und sie können jetzt vermieden werden. Von diesem Standpunkte aus mag man für die Reduction stimmen; aber das möchte ich vermieden wissen, daß Jemand mit der Ueberzeugung in sich, daß diese Ausgaben nothwendig sind, lediglich aus Scheu vor dem, was seine Wähler sagen würden, sich abhalten läßt, für die Erhöhung der Einnahmen, sei es auch durch Steuern oder sonst unangenehme Mittel, zu stimmen. Die Regierung ist fortwährend in solchen Zeiten, wie die unserigen, in solcher Lage, daß sie ihrer Ueberzeugung folgen muß, gleichviel, wie man sie beurtheilt; ob man sich dadurch populär oder unpopulär

mache, darauf hat die Regierung nicht zu sehen, sonst würde sie ihre Pflicht nicht thun.

87. Die Stelle des Volksvertreters ist meiner Ueberzeugung nach in nichts davon verschieden, im Gegentheil, für ihn ist die Pflicht, diesen Standpunkt festzuhalten, eine um so höhere, weil ihre Erfüllung ihm leichter ist. Die Organe der Verwaltung sind wenige Männer, und sind auch viel mehr hingestellt als Zielpunkt des öffentlichen Urtheils; wenn man von ihnen verlangt, daß sie frei ihrer Ueberzeugung folgen, so ist dieß doch viel leichter dem Volksvertreter, der in der großen Gemeinschaft Vieler seine schwere Pflicht erfüllt.

1851.

7. März.

88. Die bayerische Regierung ist sich freudig bewußt, daß sie zur ersten Begründung des Zollvereins vorzüglich mitgewirkt habe. Sie erkennt die Segnungen, die der Zollverein über Deutschland, wenigstens über die an ihm betheiligten Staaten unmittelbar, und über die andern mittelbar, und namentlich auch über Bayern gebracht hat. Sie ist gesonnen, diese Segnungen zu erhalten, zu fördern und auszubreiten. Dabei verkennt sie aber keineswegs, daß der Zollverein weder nach seinem äußern Umfang, noch nach seinen innern Einrichtungen Alles das bietet, was Deutschland in handelspolitischer Beziehung bedarf, wenn es eine wahre Handelsmacht in Europa, und namentlich diejenige Handelsmacht sein soll, zu der die Verhältnisse es vollständig befähigen. Die Regierung ist der Ansicht, daß diese Machtentwickelung und die unberechenbaren Wohlthaten, die aus einer solchen für den Wohlstand Deutschlands und seiner Einwohner hervorgehen würden, wesentlich bedingt sind durch ein großes, ganz Deutschland und ganz Oesterreich umfassendes Handelssystem. Die bayerische Regierung wird daher das Gute so lange festhalten, bis es möglich sein wird, das

Beſſere an deſſen Stelle zu ſetzen, und wird nach dieſem Beſſern nach Kräften ſtreben.

17. März.

89. Gegen Störungen der öffentlichen Ruhe, gleichviel in welcher Richtung, ſei es in politiſcher oder nicht politiſcher Beziehung, einzuſchreiten und zu dieſem Zwecke die bewaffnete Macht bis auf's Aeußerſte anzuwenden, das iſt nicht bloß ein Recht der Regierung, es iſt ihre Pflicht, und ein Rückblick auf die letzten zehn Jahre hat in Jedem, der die Sache wohl überlegte, die Ueberzeugung begründet, daß man von dieſer Pflicht künftig eine ſchärfere Erfüllung zu erwarten berechtigt iſt, als es in den letzten zehn Jahren häufig der Fall war. Es wäre in vielen Beziehungen nicht zu dem gekommen, wozu es leider gekommen iſt, wenn alle Regierungen ſich dieſer Pflicht entſchiedener bewußt geweſen, und gleich beim erſten Anfang der Störung der öffentlichen Ruhe entſchiedener entgegengetreten wären.

90. Man hat damals häufig geglaubt, aus Motiven, die nicht näher zu entwickeln ſind, es ſei das bedenklich, es könnte nur größere Uebel zur Folge haben, und was dergleichen Ueberlegungen mehr ſind. Die Erfahrung wird die Regierungen belehrt haben, und Jene, die in dieſem Augenblicke, wie in den nächſten Jahren berufen ſind, Organe der Regierung zu ſein, werden in ihrem Entſchluſſe ſo feſt ſtehen, als die gegenwärtige bayeriſche Regierung darin feſt iſt, bei der erſten Bewegung von ſolchen Rückſichten ſich nicht mehr abhalten zu laſſen; denn es kann nicht länger bezweifelt werden, daß, wenn wieder eine Bewegung der Art kommen wird, möge ſie in ihrem erſten Momente politiſch ſein oder nicht, dieſelbe den letzten entſcheidenden Kampf der Ordnung mit der Unordnung, des Rechtes mit dem Umſturz einleiten wird, und daß in dieſem Moment des erſten Anfangs die Pflicht gebietet, mit aller Energie dieſen Anfang zu beſeitigen.

91. Der Staatsbürger, der die Ordnung will, wird nicht in Gefahr kommen, von dem Gesetze, wenn es auch noch so strenge laute, getroffen zu werden, und der, welcher die bürgerliche Ordnung gefährden will, verdient meiner Ansicht nach die außerordentliche Rücksicht und Schonung nicht. Man hat gesagt, es seien in solchen Fällen meistens nur die Neugierigen, die auf die Straße laufen, und keine böse Absichten hätten, und für diese müsse man Sorge tragen. Ich muß bekennen, daß ich mit dem, der sich nach den Ereignissen der letzten Jahre noch einer solchen Neugierde hingibt, kein Mitleiden habe, wenn er in eine Linie gestellt wird, und dieselbe Wirkung erfährt, wie die eigentlichen Feinde der Ordnung. Es ist gleichgültig, ob man schaden will, oder ohne sich dessen klar bewußt zu sein, schadet. Die Regierung hat die Pflicht, gegen den Schaden einzuschreiten, und das Gesetz muß ihr die Mittel dazu geben; es sollen die Leute zu Hause bleiben, und sich nicht durch die Neugierde dahin treiben lassen, durch ihre Anwesenheit am Orte des Aufruhrs den Muth der Aufrührer zu heben. Wie geht es aber in solchen Fällen? Die, welche die Ruhe stören wollen, sind in der Regel wenig, sind selbst in großen volkreichen Städten, im ersten Moment kaum Hundert. Aber durch das Zuströmen von Neugierigen entsteht eine große Volksmasse; diese macht den Führern Muth; durch das Geschrei und die Künste der Verführung werden die Neugierigen hingezogen, und auf diese Weise entsteht der Aufruhr. Bleiben die Neugierigen zu Hause, so wird die wahre Zahl der Ruhestörer sich zeigen, und man wird, indem man ihre kleine Zahl erkennt, leichter über sie Herr werden.

1. Mai.

92. Jede Form des Zusammenhaltens ist immer besser nach meiner Ueberzeugung, als der Mangel alles Zusammenhaltens.

93. Noch haben wir die Einigung in der Zukunft zu erreichen. Daß sie nicht erreicht werden kann, wie ein

Geschenk am Christbaum, darüber ist wohl Niemand im Zweifel, der die Geschichte der Völker mit ruhigem Auge geprüft hat, und die Vorgänge in Deutschland seit dem Jahre 48 beobachtet. Unsere deutschen Zustände sind das Product einer zweitausendjährigen Geschichte; solche Producte ändert man nicht im kurzen Augenblicke der Begeisterung oder der Leidenschaft. Was eine lange Geschichte hervorgebracht hat, kann auch nur eine ruhige geschichtliche Entwickelung fortbilden. Ich glaube, jetzt ist der Weg betreten, der allein zu dem großen Ziele führen kann, der Weg der Einigung der materiellen Interessen des Volkslebens. Nur wenn dieß gewonnen ist, kann eine dauernde politische Einigung als ihr Ausdruck und Vollendung des Werkes hervorgehen. Man muß immer darauf zurückkommen, daß die große Täuschung der letzten Jahre, an der ihre Bestrebungen alle gescheitert sind, und scheitern mußten, nach einem inneren Gesetze, daß sie das, was nur Ausdruck der vorhandenen Lebenszustände sein kann, als Mittel betrachtet haben, solche Lebenszustände herbeizuführen.

94. Die Seele bildet sich ihren Körper, und gibt ihm den Stempel ihres Wesens, nicht umgekehrt. Die Verfassungsformen sind der Ausdruck dessen, was im Volke ist und lebt; aber man kann das Volksleben nicht in eine Richtung bringen, die ihm zuwider ist, dadurch, daß man ihm Verfassungsformen aufdrängt. So lange man diesen Irrthum nicht abschwört, werden alle Bestrebungen, unsere öffentlichen Zustände umzuändern, scheitern, wie sie in den vergangenen Jahren gescheitert sind. Meine Hoffnung für unsere Zukunft knüpft sich hauptsächlich an die Thatsache, daß man in neuerer Zeit sich von diesem Irrthume abgewendet hat, und daß man zum Theil, weil die anderen Bestrebungen scheiterten, zum Theile im Bewußtsein des Richtigen, zum Theile instinktmäßig sich der Pflege der materiellen Interessen, und dem Bestreben ihrer Einigung zugewendet hat. Diese Möglichkeit, uns eine große Zukunft zu bauen, wäre vernichtet von dem Augenblicke an, wo Nord-

und Süddeutschland in politischer Gestaltung entschieden getrennt und auseinandergerissen wären.

95. Als das jetzige bayerische Ministerium im Jahre 1849 die Anerkennung der deutschen Reichsverfassung ablehnte, da drohte man uns auch mit dem Brandmale der Geschichte. Ich weiß nicht, ob wir auch heute noch in demselben Maße solches Urtheil zu scheuen haben, wie damals, ob es in demselben Umfange, ob es in derselben Ausdehnung ausgesprochen wird, wie damals von Vielen mit Ueberzeugung geschehen ist. Wenn die Zeit erst dasjenige abgestreift haben wird, was der Moment, die augenblickliche Erregung des Gefühls, die Beurtheilung der Thatsachen — ohne Auffassung ihres höheren Zusammenhanges — als Urtheil herausstellt, dann wird auch das Urtheil der Geschichte ein leidenschaftsloses sein.

10. October.

96. Es gibt eine politische Partei, die man nicht besser definiren kann, als wenn man sagt, es ist eine Partei, die aufhören muß, zu existiren, wenn sie in die Majorität kommt. Für solche Fragen ist der, welcher den praktischen nüchternen Standpunkt gegen die idealen Anschauungen vertheidigen muß, scheinbar allerdings in großem Nachtheile. Er kann weder so glänzende Reden halten, noch Sympathien des Gefühls dafür erregen, wie die Gegenpartei; zuletzt aber steht er doch auf günstigerem Boden, denn er vertheidigt die wirklichen Bedürfnisse des Lebens gegen die eingebildeten, und die wirklichen geben immer den Ausschlag, und siegen auch immer.

1852.

19. Januar.

97. Wo irgend die Revolution die Monarchie angegriffen, da hat sie die zwei Säulen derselben angegriffen, die Armee und Diplomatie, nicht als ob diese die einzigen

Säulen der Monarchie wären, aber sie gehören wesentlich
dazu und können nicht entbehrt werden.

22. Januar.

98. Man mag es schmerzlich empfinden oder nicht,
die Wahrheit ist es, unsere Civilisation beruht jetzt wesent=
lich auf unserer Armee. Es ist dieser auf einer tiefen Be=
obachtung ruhende Satz in tief ergreifender Weise schon vor
zwei Jahren in den Cortes von Madrid von einem der
ausgezeichnetsten unserer Zeitgenossen ausgesprochen, dem
Marquis de Valdegamas, in einer Rede, die meiner
Ueberzeugung nach zu den bedeutendsten gehört, welche das
politische Leben der letzten Jahre hervorgebracht hat. Er
sagt dort: „Es ist eine wunderbare Fügung, daß unsere Ci=
vilisation durch die Macht der Ideen zerstört, und nur noch
gehalten wird durch die Macht der Bajonette." Es gilt
dieß aber nicht bloß von der europäischen Civilisation im
Allgemeinen, es gilt in ähnlicher Weise von der politischen
Existenz und Selbstständigkeit der einzelnen Staaten.

99. Ich kann mich nicht Denen anschließen, die es
als unsere Aufgabe betrachten könnten, die Bedeutung und
Stellung Bayerns geringer zu schätzen, als sie wirklich ist.
Ich bin fest überzeugt, — und die Geschichte der letzten
Jahre, glaube ich, hat es bewiesen, die nächste Zukunft wird
es vielleicht an einem zweiten großen Beispiele beweisen —
die Zukunft Deutschlands ist wesentlich abhängig von der
Kraft und Selbstständigkeit Bayerns. Zwei große Elemente
haben sich bisher in unserer Geschichte aus der deutschen Na=
tion herausgebildet und ringen miteinander. Einen Beweis
dafür wird wohl Niemand von mir fordern. Gerade die
letzten Jahre haben ihn uns leider zu deutlich vor Augen
gestellt.

100. Ob unter dem Ringen dieser beiden Elemente
Deutschlands Existenz im Ganzen untergehen soll, das wird
wesentlich mit durch die Kraft und Selbstständig=

keit Bayerns entschieden werden. Kein anderer Staat — wir allein — das sage ich nicht etwa im Gefühle eines eitlen Stolzes, sondern im Gefühle der hohen Pflicht, das darin liegt — kein anderer Staat, wir allein sind im Stande, ein Bindemittel zu bilden zwischen jenen zwei ringenden Elementen. Wir haben es im Jahre 1849 bewiesen. Hätte damals Bayern nicht seine Selbstständigkeit gefühlt und geltend gemacht, wir hätten heute kein Deutschland mehr. Wohl weiß ich, daß Viele nicht zufrieden sind mit der Gestaltung Deutschlands, wie sie jetzt besteht; aber ich muß wiederholen, was ich neulich gesagt habe. Besser überhaupt einen politischen Zusammenhang Deutschlands, läßt er auch Manches zu wünschen übrig, als gar keinen. Denn ist er einmal zerrissen, so wird er schwerlich je wieder hergestellt werden.

24. Januar.

101. Was ist die Aufgabe des Richters? Die Vergangenheit zu prüfen, das Geschehene unter das Gesetz zu stellen, und zu sagen, was Rechtens ist, und wenn auch die Welt darüber zu Grunde geht, darauf keine Rücksicht zu nehmen, fiat justitia pereat mundus. Der Richter hat nicht zu fragen: wird es vortheilhaft wirken, wenn ich so urtheile? er hat nur zu fragen: ist es gerecht? Was hat der Administrativbeamte zu thun? In die Zukunft zu blicken, und in die Gegenwart, so ferne sich die Zukunft aus ihr entwickeln soll. Er hat bei jedem Schritt zu fragen: was fördert das Wohl des Ganzen, und das Wohl der Einzelnen, was ist hier zweckmäßig?

Dabei darf er freilich das Recht nicht außer Augen lassen, er darf nicht, um den Zweck zu erreichen, eine Rechtsverletzung vornehmen, aber die Wahrung des Rechts ist nicht seine Aufgabe, sondern die Wahrung des Vortheils, des Nutzens ist seine Aufgabe, und das Recht ist nur eine Schranke für ihn. Dem Richter ist das Recht und seine Handhabung Aufgabe, und er darf dabei nicht auf den Nutzen Rücksicht nehmen. Dem Administrativbeamten ist das

Nützliche Aufgabe und das Recht ist für ihn eine Schranke, die ihm oft unbequem sein kann, und es ist für den lebhaften Administrativbeamten mitunter die allerunangenehmste und schwerste Aufgabe, sich dennoch an diese Schranke zu halten, obgleich er der Ueberzeugung ist, daß sie hier nachtheilig ist. Ist es dann nun möglich, daß in einem Menschen diese zwei ganz verschiedenen Richtungen des Geistes, des Denkens, Fühlens und Handelns, sich nebeneinander so ausprägen, daß er in dieser Viertelstunde Jurist, in der nächsten Administrativbeamte ist? Ich halte es für psychologisch unmöglich, wenn es nicht ganz außerordentlich befähigte Individuen sind. Die Erfahrung bestätigt es auch.

102. Die freiwillige Gerichtsbarkeit muß von der streitigen deßhalb getrennt werden, damit nicht dieselbe Person, welche einen Act der freiwilligen Gerichtsbarkeit aufgenommen hat, später, wenn dieser Act der Grund und die Quelle eines Prozesses wird, auch wieder darüber zu Gericht sitzt, ob es rechtsgültig ist, damit nicht dieselbe Person gleichsam über ihre eigenen Handlungen urtheilt.

103. Ich bin von vorneherein kein Freund von Privilegien.

27. Januar.

104. Ich habe nicht verschiedenes Maß und Gewicht gegen Freunde und Feinde, sondern wo ich etwas finde, dem entgegen zu treten meine Pflicht mir gebietet, da thue ich es nach allen Seiten mit gleicher Wärme.

7. Februar.

105. Ich glaube, Niemand hat mehr Anhänglichkeit an die Verfassung und den Entschluß, sie aufrecht zu erhalten, als ich, wenn ich auch nicht immer davon so laut rede, als Andere.

106. Wenn die Anwesenheit eines Bayers an einem

Orte, an welchem er seine Heimath nicht hat, nach der Ueberzeugung der Regierung die öffentliche Ruhe und Ordnung gefährdet, so hält sie es für ihr Recht und ihre Pflicht, ihn aus diesem Orte weg, und in seine Heimath zu verweisen; den Ausländer, der die Ruhe und Ordnung stört, weisen wir aus dem Lande, den Inländer weisen wir in die Heimath. Dieß sind die Principien der Regierung.

107. Ich würde mich nicht scheuen, die Verantwortung dafür zu übernehmen, einen Ausländer in Bezug auf seine Thätigkeit in der Presse in's Ausland zu verweisen, und als Minister des Innern würde ich mich nicht scheuen, einen Inländer in seine Heimath zu schaffen, wegen seiner Beziehung zur Presse, wenn dadurch die Ruhe und Ordnung im Lande gestört wird, zu deren Aufrechthaltung der Minister verpflichtet ist.

108. Die Freiheit der Presse, welche die Verfassung garantirt, kann unmöglich das Privilegium enthalten, die Grundlage der Gesellschaft anzugreifen; sie darf diese nicht zerstören; in dieser Beziehung bin ich nicht ihr Freund, sondern ihr Gegner. Die Freiheit der Presse muß der öffentlichen Ordnung unterthan sein; die Presse ist wohl eine Macht, aber nicht immer eine sittliche, sondern häufig das Gegentheil davon, und darum ist es Pflicht jeder Regierung, sie in diesem Sinne zu überwachen, und wo Ausschweifungen eintreten, die gesetzlichen Mittel zu ergreifen. Eine andere Frage ist es, ob die Mittel, welche die Gesetze an die Hand geben, den Staat hinlänglich wahren, um die Gefahren, welche die Presse ihm bereitet, zu beseitigen, und ich sage offen: „Nein"; mit unserem Preßgesetze können der Staat und die gesellschaftlichen Grundlagen nicht erhalten werden; deßwegen werde ich aber zu keiner Verfassungsverletzung rathen, wohl aber zu einer Aenderung der Preßgesetzgebung, und sie ist nothwendig nach meiner festen Ueberzeugung.

109. Ich mache auf den Ruhm eines großen Staats-

mannes durchaus keinen Anspruch; ich begnüge mich mit
dem Bewußtsein, daß in einer sehr gefährlichen Zeit meine
Liebe zum König und zum Lande mich auf einen Platz ge=
führt hat, der damals kein beneidenswerther und kein ge=
suchter war, mit dem Bewußtsein, daß ich auf diesem Platze
bis jetzt weniger Rosen als Dornen gepflückt habe, und daß
ich jeden Augenblick bereit bin, ihn Dem zu überlassen, der
es besser zu wissen und zu machen versteht, als ich. Die
Aufgabe eines Ministers bei seinen Gesetzesvorschlägen und
bei Vertheidigung derselben — eines Staatsmannes will ich
nicht sagen, denn mir wäre ja die Lösung dieser Aufgabe un=
möglich — die Aufgabe eines Ministers scheint mir die,
nichts Anderes anzustreben, als das Mögliche, und wenn
ich mich recht erinnere, ist das auch immer die Maxime der
wirklichen Staatsmänner. Regieren und Gesetze geben, sind
ganz praktische Dinge, und mit bloßen Theorien ist dabei
nichts erzielt, als daß man mit seinen Anträgen gewöhnlich
nicht bloß in der Minorität, sondern ganz allein bleibt.

Es müssen also die Minister und diejenigen, welche
die Gesetzesvorschläge zu vertheidigen haben, sich vor Allem
fragen, was unter den gegebenen Verhältnissen und in der
gegebenen Zeit möglich ist, und wenn sie nicht dasjenige vor=
schlagen können, was nach ihrer inneren theoretischen Ueber=
zeugung das Beste ist, so haben sie aus verschiedenen Grün=
den die Pflicht, sich mit dem zu begnügen, und dasjenige zu
vertheidigen, was nach ihrer Ueberzeugung in dem gegebe=
nen Augenblicke das Mögliche ist; denn mit dem Vorschla=
gen und dem Vertheidigen des Unmöglichen, wenn es auch
wirklich das Beste ist, werden sie gar nichts erreichen, und
nur die öffentlichen Zustände, deren Wahrung und Leitung
ihnen anvertraut ist, in eine heillose Verwirrung zu bringen.
Gerade in solchen Dingen, wo man nicht gehen kann, ohne
getragen zu sein von der Ueberzeugung der Besseren im
Volke, muß man auch der Entwicklung dieser Ueberzeugung
Zeit lassen und allmählig, und an ihrer Hand fortschreiten.
Es sind jetzt sehr Viele, die es mit ihrem Vaterlande wohl
meinen, in gar vielen Dingen anderer Meinung, als sie es

vor 2 oder 3 Jahren waren, und Manche scheuen sich auch nicht, dieß jetzt offen und frei zu bekennen. Es werden jetzt manche gesetzliche Bestimmungen durchzuführen und in's Leben einzuführen sein zum Wohle des Ganzen, deren Vorschlag nur vor 2 Jahren dem Staate und dem öffentlichen Leben einen großen Nachtheil zugefügt haben würde. Das ist der Standpunkt, von dem aus ich die Aufgabe eines Ministers, was ich jetzt bin, und auch eines Staatsmannes, was ich nicht bin, auffassen zu müssen glaubte.

19. Februar.

110. Man kann Theorien aufstellen, die durchaus unausführbar sind, es ist die Nothwendigkeit der Probe der Durchführung nicht gefordert.

111. Kein Volk, auch das beste, opferbereitwilligste, zahlt gerne mehr Steuern, als bisher, und keine Regierung wird sich gerne entschließen, gerade von einem braven und tüchtigen Volke größere Opfer zu verlangen.

21. Februar.

112. Wenn ein Arzt, dem die Leitung eines großen Hospitals anvertraut ist, um des Principes der Gleichheit willen, eines Morgens allen Kranken dieselbe Medizin anordnen wollte, so würde doch Niemand anerkennen, daß er wirklich die Gleichheit beobachtet hat. Man muß jedem Individuum die nach seinem Krankheitszustande nothwendige Medizin geben. So ist das Princip der gleichen Besteuerung nur dann durchgeführt, wenn man jede Steuer verhältnißmäßig gleich groß anwendet. Das ist die Frage, auf die es ankommt. Man muß die verschiedenen Steuergattungen mit einander vergleichen, und aus dem Verhältniß entwickeln, welche zu erhöhen ist, und welche nicht, damit die wahre materielle Gleichheit hergestellt werde.

113. Der kleine Gewerbsstand ist derjenige, der durch die eigenthümlichen Verhältnisse unserer Zeit gedrückt wird,

und in seinem Erwerbe zurückgehen muß, und für den die Zukunft dieses Verhältniß nicht beseitigt. Je mehr Fortschritte wir in der Industrie und in den Naturwissenschaften machen, die darauf zurückwirken, desto mehr wird das Uebergewicht des Fabrikstandes, des großen Gewerbes und des Kapitals über die kleineren Gewerbe sich geltend machen, desto mehr wird der kleine Gewerbsstand den Charakter der Fabrikarbeit annehmen, in einer und der andern Form, und von den Fabriksherren und dem Kapitale abhängen.

17. April.

114. Geben wir doch endlich den Gedanken auf, die Rechte der Regierung als etwas aufzufassen, was dem Wohle des Volkes und dem Staate gegenüber steht; wenn wir davon nicht lassen, kann ein gesundes öffentliches Leben niemals zu Stande kommen. Die Regierung steht nicht außerhalb des Volkes und des Staates, sondern in beiden, sie ist die Spitze beider, und der Ausdruck ihrer Bedürfnisse. Sie hat die Pflicht, für diese Bedürfnisse und für das Wohl des Volkes zu sorgen; es ist der größte Irrthum, in den leider unsere Zeit verfallen ist, jedes Recht, welches man der Regierung entreißt, als Gewinn für das Volk anzusehen. Es ist in den Wirkungen immer auch ein Verlust für das Volk; denn wenn die Regierung keine Rechte mehr hat, so kann sie auch ihrer Pflicht nicht mehr genügen.

20. April.

115. Im Alterthume war man durchweg der Ueberzeugung, daß der Staat über dem Individuum stehe, und daß das Individuum mit seinem ganzen Sein und Leben dem Staate dienen müsse, und, wo es mit ihm in Collision komme, ihm zum Opfer gebracht werde. Die moderne Zeit hat gerade den entgegengesetzten Grundsatz. Bei uns ist das Individuum Alles und der Staat ist nur dazu da, um von allen Individuen so viel als möglich ausgebeutet und mißhandelt zu werden. Ich will nun durchaus nicht jenes starre System des Alterthums als das allein richtige ver-

theidigen, aber darüber habe ich keinen Zweifel, daß bei dem entgegengesetzten Grundsatze, der bewußt oder unbewußt unserm heutigem politischen Leben zu Grunde liegt, ein Staat nicht bestehen kann. Wenn diese Souveränität aller einzelnen Individuen in allen Kreisen des öffentlichen Lebens durchgeführt wird, so kann das Ganze nicht zusammenhalten, gleichviel welche Verfassung Sie dem Ganzen geben. Das wahre gesunde Staatsleben wird meiner Ueberzeugung nach erzeugt, wenn man zwischen diesen beiden Extremen die Mitte findet, und dieses wird vermittelt durch das Christenthum, und das ist meines Erachtens die Aufgabe des christlichen Staates.

1853.

116. Wem man mehr aufladet, als er bei der größten Anstrengung leisten kann, der wird am Ende unterlassen, seine Kraft auch nur bis zur äußersten Möglichkeit anzuspannen.

1854.

18. October.

117. Sowohl die Resultate der wissenschaftlichen Forschungen, als die Lehren der Geschichte aller Zeiten, bei allen Völkern, kommen darin überein, daß das Princip der Kopfzahl-Majorität nicht geeignet ist, eine dauernde, die gesellschaftliche Ordnung, die Freiheit und Wohlfahrt des Volkes, und insbesondere auch die monarchische Verfassung sichernde öffentliche Ordnung der Dinge zu geben.

21. December.

118. Es ist ein großer Irrthum, wenn man glaubt, die Pflege der Landwirthschaft als solche, und die Einrichtung derjenigen Institutionen, die die Landwirthschaft heben können, ständen im Gegensatze zu industriellen Bestrebungen. Auch hier gehen, ich bin es überzeugt, beide Verhältnisse Hand in Hand. Nur wo die Landwirthschaft wahrhaftig

blüht und auf dem Höhepunkte der landwirthschaftlichen Kenntnisse der Zeit steht, wird die wahre Blüthe der Industrie und des Handels möglich sein, wie umgekehrt, die Blüthe der Landwirthschaft von der Thätigkeit und Intelligenz des Handels und der Industrie bedingt und befördert wird.

1855.

8. Januar.

119. Das Unmögliche kann man durch Gesetze nicht erzwingen.

13. Januar.

120. Er (der Grundsatz der Kopfzahl=Majorität) steht im Widerspruche mit der Natur des Menschen, mit der Natur der menschlichen Gesellschaft, und des Staates als der Form, in welcher die menschliche Gesellschaft sich bewegt und lebt. Es sind die Menschen nicht in irgend einer Beziehung einander vollständig gleich; sie sind verschieden in ihren Anlagen, in ihren Fähigkeiten, in ihrem Berufe, in ihren Interessen, in ihren Leistungen. Es ist die menschliche Gesellschaft nicht ein unorganisches, mechanisches Conglomerat von einer Anzahl Köpfen, sondern sie ist ein organisches Ganzes von Gliedern, deren jedes eine besondere Natur, einen besonderen Beruf, besondere Pflichten und darum naturgemäß besondere Rechte hat. Wenn also die Idee der bloßen Kopfzahl=Majorität im Widerspruche mit der Natur der menschlichen Gesellschaft ist, namentlich wie sich diese bei höhern Culturzuständen eines Volkes gestalten muß, so kann sie auch nicht der Träger für das öffentliche, für das Staatsleben dieser menschlichen Gesellschaft sein, ohne zerstörend auf dieselbe einzuwirken. Das Princip der Kopfzahl=Majorität ist, namentlich weil es im Widerspruche mit dem wirklich vorhandenen Organismus der menschlichen Gesellschaft, im Widerspruche mit der Cultur steht, ein negirendes. Es ist ein Regiren der wirklichen Zustände, und wird da=

durch zum Feinde derselben, der sie angreifen und zerstören muß. Darum geht unserer Ueberzeugung nach aus dem Princip der Kopfzahl=Majorität die Negation und Zerstörung des gesellschaftlichen Organismus hervor. — Schon Cicero hat gesagt: „videndum est, in re publica ne plurimum plurimi valeant", d. h. man muß im Staate darauf sehen, daß nicht die Kopfzahl das meiste Gewicht hat.

121. Die Geschichte aller Zeiten beweist, daß Verfassungen, die auf die Kopfzahl=Majorität gestützt sind, niemals lange bestanden haben, sondern daß sie untergegangen sind. Jede Staatsverfassung, die diese Idee in sich aufgenommen hat, trägt den Keim der Vernichtung in sich, da jenes Princip eben so die Freiheit des Volkes, wie die öffentliche Ordnung gefährdet. In dem letzten Resultate ist das Product dieses Princips in der Geschichte immer und überall die willkürliche Tirannei gewesen. Es folgt dieß mit innerer Nothwendigkeit daraus, daß jenes Princip die Negation aller Besonderheit, alles Organischen im Staats=leben in sich schließt.

122. Jene vollkommene Gleichstellung aller Individuen kann zu nichts Anderem führen, als zu einem knechtischen Unterwerfen aller dieser Köpfe unter Einen. Weil es unmöglich ist, daß Alle zugleich regieren, so kann das Product dieser rein negativen mechanischen Auffassung des Staates zu nichts Anderem führen, als zur rein mechanischen Gewalt eines Einzigen über die Anderen, der es am Besten versteht, die Andern zu täuschen oder einzuschüchtern. Ich begnüge mich, an die Geschichte desjenigen Volkes der vorchristlichen Zeit zu erinnern, das der Typus für alle staatliche Entwicklung war, in dem gleichsam alle Fragen des öffentlichen Rechtes und Lebens concentrirt waren, die vom vorchristlichen Standpunkte aus zu entwickeln und durchzuführen die weltgeschichtliche Aufgabe jenes Volkes war, ich meine die Römer. Rom war so lange groß und mächtig, als es in seinem Verfassungsleben nicht das Princip der

Kopfzahl-Majorität hatte, und an diesem Princip ist es zu Grunde gegangen, und das Product dieses Principes waren die Imperatoren in ihrer ärgsten Ausartung. Ganz dasselbe bestätigt auch die Geschichte der christlichen Jahrhunderte, und, wenn man es fortführen wollte, selbst der allerneuesten Zeit.

123. Ich bin überzeugt, daß auch die Republik mit dem Kopfzahlmajoritätsprincip nicht bestehen kann, überhaupt gar keine Staatsverfassung. Es kann in einem größeren Kreise bei einem gewissen Culturzustande die öffentliche staatliche Ordnung auf dieses Princip nicht gestützt werden, es mag dieser Staat monarchische oder republikanische Verfassung haben, wie das eben die Geschichte beweist. Denn gerade die römische Republik ist an dieser Verfassung zu Grunde gegangen.

124. Es ist vollkommen wahr, daß mit dem Wahlgesetze allein das Heil eines Landes und Volkes noch gar nicht fest begründet ist. Folgt aber daraus, daß man deßhalb ganz gleichgültig darüber sein solle, ob man gute oder schlechte Gesetze hat? Doch gewiß nicht. Denn sonst müßte man überhaupt auf alles Streben nach guten Gesetzen verzichten. Man mag thun und treiben, was man will, Vollkommenes können wir nicht erreichen, und namentlich in den Bewegungen, welchen ein geistiger Kern, welchen ein psychischer Moment zu Grunde liegt, ist die äußere Form immer das untergeordnete Verhältniß. Jede Gesetzgebung muß aber ihr Augenmerk darauf richten, das möglichst Gute herzustellen.

125. Wenn erst einmal ein verderbliches Princip der Gesetzgebung im Volke fest eingebürgert und anerkannt ist, wenn ihm Zeit und Raum gelassen ist, seine Consequenzen zu entwickeln, muß es auch seiner Natur gemäß wirken.

15. Januar.

126. Es ist anerkanntermaßen einer der obersten

Grundsätze des parlamentären Lebens, daß die Opposition ihre Angriffe gegen die verantwortlichen Träger der öffentlichen Gewalt richte, und daß dieser Grundsatz nicht bloß nicht direkt, sondern auch nicht indirekt verletzt werde. Es hat einen sehr guten Grund, daß das eine Regel des parlamentären Lebens ist. Verletzt man sie, so regt man Folgen auf, die unberechenbar sind.

16. Januar.

127. Es ist unläugbar und eine alte Erfahrung lehrt es, daß, wenn wirklich ein vorhandenes Element in der Bevölkerung gänzlich ignorirt wird, es darum nicht aufhört, zu sein, sondern nur veranlaßt wird, sich auf andere Weise Geltung zu verschaffen. Wenn ihm der gerade gesetzlich begründete Weg abgeschnitten wird, sieht es sich aufgefordert, einen andern zu suchen.

128. Das ist eben das Princip der Bewegung, daß man Alles auf den individuellen Einfluß auf die Massen berechnet, und wenn man dieser Richtung sich anschließt, weil man zufällig glaubt, diesen Einfluß auf die Massen im conservativen Sinne üben zu können, ist man um kein Haar conservativer, als diejenigen, die dieses Princip vertheidigen, um ihren Einfluß auf die Massen im entgegengesetzten Sinne auszuüben.

129. Bei der Steuergesetzgebung haben Regierung und Abgeordnete die Pflicht, die finanziellen Bedürfnisse und die finanziellen Kräfte des Landes in's Auge zu fassen, und wenn man hiebei auf das Wahlrecht Rücksicht nehmen will, verletzt man seine Pflicht, sei es, daß man Regierungs-Organ oder Abgeordneter ist.

17. Januar.

130. Wenn von allen Seiten, von allen Parteien, zuletzt auch von denen, die conservativ sind oder dafür gelten, immer auf den Staat und auf diese Staatsgewalt los-

geschlagen wird, so wird man Eines damit wohl erreichen
können, daß alle Autorität, welche den Trägern der öffent=
lichen Gewalt bisher zustand, nach und nach in Trümmer
geht, und daß man dem Volke, als dessen Vertreter und zu
dessen Wohl man zu reden hat, nach und nach die Meinung
beibringt, damit werde sein Wohlsein gefördert.

Mir kommt dieß vor, wie wenn ich Jemand sähe, der
an einem großen, mächtigen Baume, der am Rande eines
Abgrundes steht, einen der größten und mächtigsten Aeste,
der über diesen Abgrund hineinhängt, bestiege mit der Säge
in der Hand, und anfinge, diesen selben Ast, auf dem er
sitzt, abzusägen und bei jedem Eindringen der Säge, und
bei jedem Knarren und Krachen derselben und bei jedem
Seufzer des absterbenden Astes sich freute und triumphirte,
daß er über diesen alten und knorrigen Ast jetzt Herr werde.
Was eintreten muß, wenn die Säge den letzten Zug gethan
hat, ist klar.

131. Ist denn irgend eine Existenz in unserm Pri=
vat= und öffentlichen und auch im kirchlichen Leben, ist die
Familie, ist die Gemeinde, die Kirche, ist irgend eine Rich=
tung unsers Lebens wirklich loszutrennen und vollkommen
unabhängig und frei zu denken von jeder Berührung mit dem
Staate? Ist er nicht das allgemeine Fundament, auf wel=
chem alle einzelnen Existenzen ruhen? Ich bin gewiß weit
entfernt, zu glauben, daß er sie alle beherrschen soll oder
im Stande ist, sie alle zu erfüllen und ihnen ihren Inhalt
zu geben. Nein! aber, daß sie alle ohne ihn nicht bestehen
können, davon bin ich fest überzeugt. Und wenn erst der
Staat und die Autorität, auf der er ruht und die ihn
trägt, ruinirt und vernichtet ist, so werden alle andern Exi=
stenzen mit ihm in Einen Abgrund stürzen. Ich weiß auch
nicht, was damit gewonnen werden soll, wenn man auf die
Männer, deren Beruf es ist, nicht bloß geistreiche Ideen zu
vertreten, sondern das wirkliche praktische Leben, und zwar
mit dem Drange der Nothwendigkeit, dem die gesetzliche
Ordnung unterworfen ist und unterworfen bleiben muß, wenn

man auf diese Männer, deren Beruf an und für sich Tag für Tag schwieriger wird, immer in solcher Weise losschlägt, wenn man sie gleichsam der öffentlichen Meinung und dem sittlichen Bewußtsein des Volkes als Leute denuncirt, die jeder höheren Regung bar, gleichsam nur mit Kunststücken wirthschaften. Eines kann man damit allerdings erreichen, daß jeder Mann von wirklichem Ehrgefühl und sittlichem Bewußtsein sich am Ende davon zurückziehen muß, Träger der öffentlichen Gewalt zu sein, nicht bloß in den höheren Stellungen, sondern auch in einer anderen. Wenn man auf den Staat und seine Diener immer so hinweist, als wären sie Werkzeuge einer bloß mechanischen willkürlichen Polizei= gewalt, so werden Sie es zuletzt vielleicht dahin bringen, daß sich wirklich keine andern Leute für diesen Beruf finden. Was aber damit gewonnen werden soll, das zu beurtheilen überlasse ich Ihnen.

18. Januar.

132. Es gibt kein Recht in der Welt, das nicht miß= braucht werden könnte. Wenn man nun deßhalb, weil es mißbraucht werden kann, es aufheben will, wird man viel mehr schaden als nützen.

1. Februar.

133. Die königlich bayerische Regierung hat vor Allem das Ziel im Auge, dahin zu wirken, daß in der ge= genwärtigen europäischen Krisis der deutsche Bund einig er= halten werde, weil sie in ihm nicht bloß das einzige, jetzt nicht allein thatsächlich, sondern auch vollkommen rechtlich be= stehende Band aller deutschen Staaten erkennt, sondern auch, weil sie der festen Ueberzeugung ist, daß er unter den gegen= wärtigen Verhältnissen das einzig mögliche Band der deut= schen Nation ist, welches, wenn es jetzt reißen würde, durch kein anderes ersetzt werden könnte. Dieses Ereigniß würde die bayerische Regierung, namentlich in einer so großen eu= ropäischen Krisis, als den tiefsten Schlag, welcher den deut= schen Interessen zugefügt werden könnte, erachten. Und da=

rum glaubt ſie, in erſter Linie dahin wirken zu müſſen, daß der deutſche Bund feſt und einig erhalten werde.

134. Ihre Ueberzeugung in dieſer Beziehung iſt ſo feſt, daß ſie von dieſem Geſichtspunkte nicht ablaſſen wird, und ihn immer in erſte Linie ſtellen wird. Die vereinigte Kraft des deutſchen Bundes aber möchte die bayeriſche Regierung in die Bahn gelenkt wiſſen, daß durch ſie die deutſchen Intereſſen in ihrem unzertrennlichen Zuſammenhange vor den allgemein europäiſchen gewahrt und vertheidigt werden. Es ſoll der Zuſammenhang der deutſchen Intereſſen mit den allgemein europäiſchen nicht auſſer Acht bleiben, aber es ſoll bei der Thätigkeit des deutſchen Bundes die Wahrung rein deutſcher Intereſſen in erſter Linie ſtehen, und wenn dieſe völlig gewahrt ſind, die Wahrung anderer Intereſſen Anderen überlaſſen bleiben. Ich habe noch einen Gedanken hinzuzufügen: mit der Wahrung der deutſchen Intereſſen glaubt die Regierung als weiteren Geſichtspunkt die Erhaltung und baldmöglichſte Wiederherſtellung des europäiſchen Friedens in's Auge faſſen zu müſſen, nicht ſo, als ob ſie dieſen Geſichtspunkt erreichen wollte mit Aufopferung deutſcher Intereſſen, aber ſo, daß ſie ihn zugleich in das Auge faßt, weil ſie überzeugt iſt, daß alle europäiſchen Länder und insbeſondere die deutſchen Länder des Friedens bedürfen.

16. November.

135. Es iſt ein Recht der allgemeinen Geſetzgebung, dem öffentlichen Bedürfniſſe gemäß in privatrechtliche Verhältniſſe einzugreifen; ſie muß dieſes Recht mit Vorſicht üben, und dabei nicht weiter gehen, als das öffentliche Bedürfniß erheiſcht, aber ſo weit zu gehen, hat ſie das Recht und die Pflicht.

136. Die Regierung achtet und wahrt die Rechte, welche die Verfaſſung den Vertretern des Volkes eingeräumt hat; ſie glaubt aber auch, es als ihre Pflicht betrachten zu

müssen, die der Regierung zukommenden Rechte zu wahren, und deren Achtung zu beanspruchen.

1856.

14. Januar.

137. Es gehört zu den Berufspflichten der Minister, freilich nicht zu den angenehmen, gleichsam die Ableiter sein zu müssen für den mancherlei Mißmuth, zu dem das öffentliche Leben eines Volkes innere Veranlassung gibt.

1. Februar.

138. In der Behandlung der öffentlichen Angelegenheiten tritt namentlich in Deutschland immer wieder der Gegensatz zwischen idealen Principien und dem Standpunkte des praktischen Lebens sich schroff entgegen. Die Vertretung des ersten Standpunktes ist außerordentlich leicht; denn welches irgend denkende und fühlende menschliche Wesen wäre nicht von schönen Ideen leichter angezogen, als von der nüchternen Darstellung der praktischen Bedürfnisse und Verhältnisse! Hierin liegt der große Vortheil, den fast in allen politischen Diskussionen die Opposition über die Regierung hat; denn die erste vertritt ideale Anschauungen, oder kann sie wenigstens vertreten, ohne sonderlich viel dabei zu riskiren; die Regierung dagegen hat nur den praktischen Standpunkt festzuhalten.

139. Ich glaube, man kann mit gutem Grunde behaupten, daß im Staatsleben nichts so gefährlich ist, als die Verfolgung von Idealen, und daß diese Gefahr in keinem Theile des Staatslebens stärker und entschiedener hervortrete, als in den Finanzverhältnissen.

140. Ich bin vollkommen billig genug, um anzuerkennen, daß jeder Stand im Staate, der mit schwerer Anstrengung arbeitet, auch darauf denkt, seine Lasten zu mindern, und ich bin gerecht genug, anzuerkennen, daß die Ver-

treter eines solchen Standes befugt und verpflichtet sind,
darauf Rücksicht zu nehmen. Es steht das nicht im Wider=
spruche mit der Pflicht des Abgeordneten, das allgemeine
Wohl des Landes zu vertreten. Das Allgemeine ohne seine
Theile ist ein Gedankending, das nirgends existirt. Wenn
das Ganze sich wohl befinden soll, müssen die einzelnen Theile
sich wohl befinden, und so gut die Regierung den Stand
der Gewerbetreibenden, der Grundbesitzer ꝛc. berücksichtigt,
so finde ich es in der Ordnung, daß die Grundbesitzer die
Lasten ihres Standes zu mindern suchen.

141. Ich bin nicht der Meinung, daß eine Regie=
rung drohen soll. Handeln soll sie, und wenn das sein
muß, so würde ich den Muth dazu haben — drohen? Nein,
das ist einer Regierung unwürdig, und würde auch das
Ziel gar nicht erreichen.

18. Februar.

142. Der Privatmann ist berechtigt, wenn es sich
um sein Kapital handelt, lediglich sein finanzielles Interesse
in's Auge zu fassen; darum muß der Staat, der diese Kräfte
an sich ziehen will, auch eine günstige Aussicht ihnen eröff=
nen, damit er diese an sich zieht, und die einfachste und na=
türlichste Bedingung hiezu ist, nicht rein fiscalisch zu Werke
zu gehen, sondern Principien zu proklamiren, welche Ver=
trauen zu ihm erwecken.

8. März.

143. Es ist, wie für das Individuum, so für die
Staaten, eine Sache der Ehre, übernommene Verpflichtungen
durchzuführen.

144. Es ist meine Art nicht, die Haftung, die mich
trifft, auf die Schultern Anderer zu wälzen.

145. Ich habe eine gewisse Scheu, in bestehende Or=
ganisationen rasch ändernd einzugreifen, ehe die Nothwen=

digkeit dargethan ist, und ehe die Zweckmäßigkeit überwiegend oder allgemein anerkannt ist.

10. März.

146. Wenn die Regierung bestimmt ihre Meinung darlegt, und den Kammern gegenüber sagt: wir können nicht nachgeben, dann, glaube ich, ist es Pflicht gegen die Kammer und gegen das Land, daß sie die Gründe hiefür angibt, und je wichtiger die Frage ist, und je bestimmter die Regierung an ihrer Ueberzeugung festhält, um so ausführlicher muß sie die Gründe entwickeln. Sie ist dieß schuldig ihrer Achtung vor den Kammern, vor der Verfassung, und vor den Interessen des Landes.

8. Mai.

147. Der Eindruck, den ich aus dem Studium der Geschichte und aus der Beobachtung dieser Verhältnisse, soweit sie den Laien vorkommen, erhalten habe, ist der, daß ohne einen tüchtigen Kern einer wohldisciplinirten und durch und durch technisch geschulten Armee, die begeistertste Nation unterliegen werde. Ich glaube, daß auch die Begeisterung und Erhebung der deutschen Nation im Jahre 1813 nicht den Erfolg gehabt haben würde, den sie gehabt hat, wenn eben nicht jener Kern von stehenden, durch und durch geübten disciplinirten alten Soldaten vorhanden gewesen wäre, welche aus den Kriegen der vorhergegangenen Decennien sich herausgebildet haben. Es mag in einer Nation noch so viel kriegerisches Blut ererbt, noch so viel militärischer Geist vorhanden sein, das Kriegshandwerk will erlernt sein, wie ein anderes, gerade bei der außerordentlichen Ausbildung, die es in neuerer Zeit gewonnen hat, nicht bloß bei den höhern technischen Waffen, sondern auch bei der Infanterie. Gerade bei dieser Ausbildung macht man aus einem noch so tapfern und kampflustigen Bauernsohne nicht in wenigen Wochen einen brauchbaren wohldisciplinirten Soldaten. Namentlich auch unter dem Gesichtspunkte der Disciplin ist es nothwendig, daß die Mannschaft längere Zeit unter den

Waffen sei, daß sie das Gefühl der Gemeinschaftlichkeit, des Zusammengehörens zu einem großen Körper, den militärischen Geist und Sinn empfange, und sich in denselben hineinlebe. Aus allen diesen Gründen wird man niemals auf eine entsprechende stehende, gehörig ausgebildete Armee verzichten können, wenn man nicht auf die Wehrkraft verzichten will; denn, ich wiederhole es, aus der Begeisterung allein kann man weder im Einzelnen, noch im Ganzen Soldaten und Armeen schaffen.

20. Mai.

148. Das halte ich für den größten Nachtheil der Auswanderung, wie sie bisher in Deutschland stattgefunden hat, daß die Auswanderer sich zersplitterten, und in den Ländern, wohin sie sich wendeten, bald in eine solche Lage versetzt wurden, daß sie ihre Nationalität mehr oder weniger aufgaben, und außer aller Verbindung mit der deutschen Nation kamen.

27. Mai.

149. Ein Staatsvertrag, durch das Votum der Kammer sanctionirt, muß aufrecht erhalten werden, wenn auch die Erfüllung desselben durch die Aenderung der Zeit unbequem wird. Die sittliche und rechtliche Natur der Staatsverträge muß eben so ihre Erfüllung sichern, eben so heilig gehalten werden, wie die Privatverträge.

28. Juni.

150. Ein außerordentlich mächtiger Hebel für die Ehre, Unabhängigkeit, Wirksamkeit des Landes nach Außen, für die Ruhe, den Frieden, die Ordnung im Innern ist und bleibt die Armee.